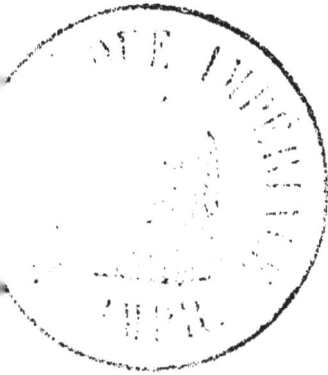

VIE

DE

CHARLES BAUDELAIRE

IMPRIMERIE L. TOINON ET C°, A SAINT-GERMAIN.

CHARLES
BAUDELAIRE

Sa Vie et son Œuvre

PAR

CHARLES ASSELINEAU

FAC ET SPERA

PARIS

ALPHONSE LEMERRE, ÉDITEUR

PASSAGE CHOISEUL, 47

M.DCCC.LXIX

Peint par Emile de Roy 1844.   Gravé par B

Imp. A. Salmon.

Dessiné par Baudelaire 1848   Imp. A. Salmon   Gravé par B.

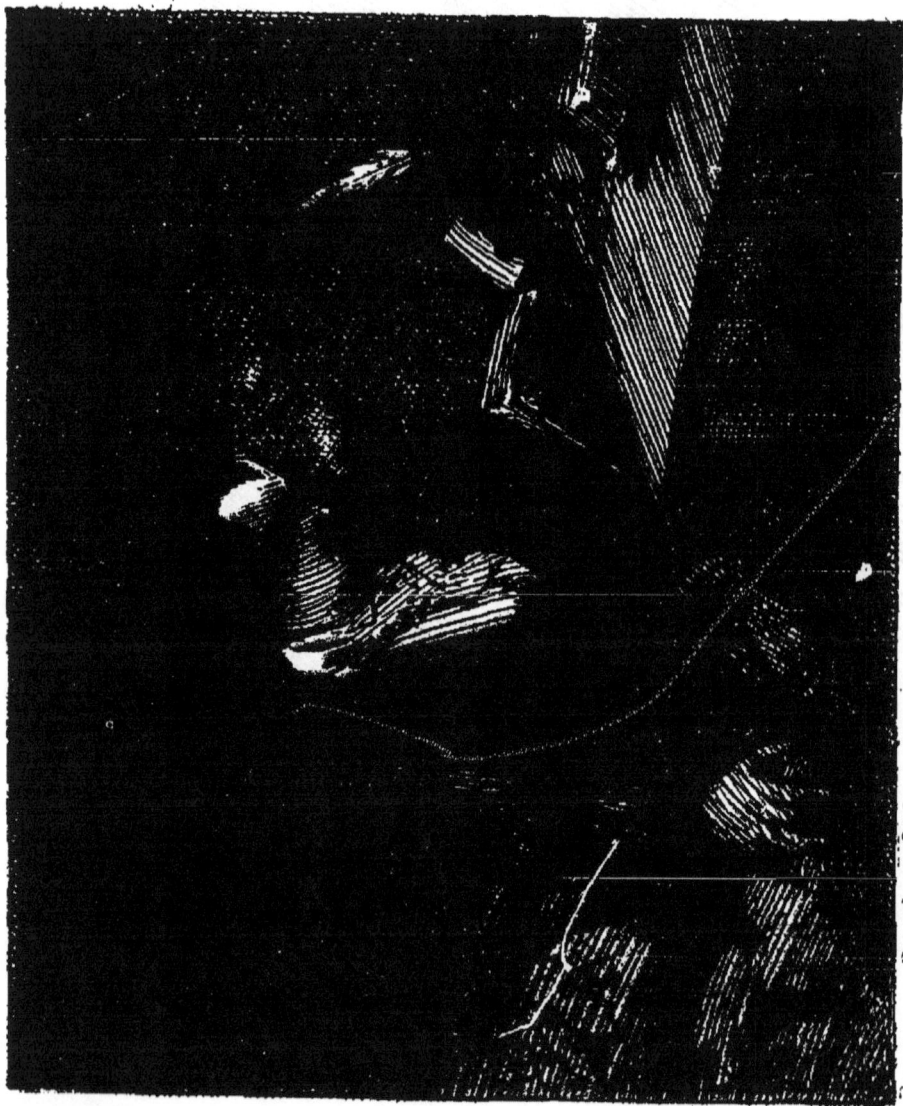

Peint par Courbet 1848.

Imp. A. Salmon.

Gravé par B.

Paint et Gravé par Manet 1865

Imp. A. Salmon.

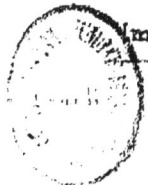

Peint et Gravé par Manet 1865   Imp A Salmon

I

L'HOMME ET L'ŒUVRE

L A vie de Baudelaire méritait d'être écrite, parce qu'elle eſt le commentaire & le complément de ſon œuvre.

Il n'était pas de ces écrivains aſſidus & réguliers dont toute la vie ſe paſſe devant leur pupitre, & deſquels, le livre fermé, il n'y a plus rien à dire.

Son œuvre, on l'a dit ſouvent, eſt bien lui-même; mais il n'y eſt pas tout entier.

Derrière l'œuvre écrite & publiée il y a toute

une œuvre parlée, agie, vécue, qu'il importe de connaître, parce qu'elle explique l'autre & en contient, comme il l'eût dit lui-même, la genèfe.

Au rebours du commun des hommes qui travaillent avant de vivre & pour qui l'action eft la récréation après le travail, Baudelaire vivait d'abord. Curieux, contemplateur, analyfeur, il promenait fa penfée de fpectacle en fpectacle & de cauferie en cauferie. Il la nourriffait des objets extérieurs, l'éprouvait par la contradiction; & l'œuvre était ainfi le réfumé de la vie, ou plutôt en était la fleur.

Son procédé était la concentration; ce qui explique l'intenfité d'effet qu'il obtenait dans des proportions reftreintes, dans une demi-page de profe, ou dans un fonnet. Ainfi s'explique encore fon goût paffionné des méthodes de compofition, fon amour du plan & de la conftruction dans les ouvrages de l'efprit, fon étude conftante des combinaifons & des procédés. Il y avait en lui quelque chofe de la curiofité naïve de l'enfant qui caffe fes joujoux pour voir comment ils font faits. Il fe délectait à la lecture de l'article où Edgar Poë, fon héros, fon maître envié & chéri, expofe

impudemment, avec le fang-froid du preftidigita-
teur démontrant fes tours, comment, par quels
moyens précis, pofitifs, mathématiques, il eft par-
venu à produire un effet d'épouvante & de délire
dans fon poëme du *Corbeau.* Baudelaire n'était
certainement pas dupe du charlatanifme de cette
genèfe à *pofteriori ;* il l'approuvait même & l'ad-
mirait comme un bon piége tendu à la badauderie
bourgeoife. Mais en pareil cas, lui, j'en fuis fûr,
il eût été de bonne foi. C'eft très-férieufement
qu'il croyait aux miracles préparés, à la poffibilité
d'éveiller chez le lecteur, de propos délibéré & avec
certitude, telle ou telle fenfation. Cette conviction chez lui n'était qu'un corollaire de l'axiome
célèbre de Théophile Gautier : « Un écrivain
qu'une idée quelconque, tombant du ciel comme
un aérolithe, trouve à court de termes pour l'exprimer, n'eft pas un écrivain véritable. » Baudelaire eût dit volontiers : « Tout poëte qui ne fait
pas être à volonté brillant, fublime, ou terrible,
ou grotefque, ne mérite pas le nom de poëte. » Il
s'eft vanté plus d'une fois de tenir école de poéfie
& de rendre en vingt leçons le premier venu capable de faire convenablement des vers épiques ou
lyriques. Il prétendait d'ailleurs qu'il exifte des

méthodes pour devenir original, & que le génie est affaire d'apprentissage. Erreurs d'un esprit supérieur qui juge tout le monde à la mesure de sa propre force, & qui imagine que ce qui lui réussit réussirait à tout autre. Il en est de ces croyances au génie volontaire & à l'originalité apprise, comme de cette réponse de M. Corot le paysagiste à quelqu'un qui lui demandait le moyen d'égaler son talent : — « Regardez, & faites ce que vous aurez vu. » Le peintre, de très-bonne foi dans ce conseil, oubliait d'ajouter : Ayez mes yeux & mes doigts, & aussi mon intelligence. De même, Théophile Gautier, lorsqu'il formulait son désolant arrêt, méconnaissait le privilége du génie en imposant à tous comme un devoir ce qui n'est en lui qu'un don rare & magnifique; & Baude-laire, en affirmant la didactique de l'originalité & du talent poétique, faisait d'abord abstraction de sa valeur personnelle. Et c'est toujours le fait des grammaires & des méthodes qui ne servent qu'à ceux qui les font, c'est-à-dire à ceux qui font ca-pables de les faire.

Ainsi qu'il l'a écrit lui-même de Théodore de

Banville[1], Baudelaire « fut célèbre, tout jeune. »
Il n'avait guère plus de vingt ans qu'on parlait
déjà de lui dans le monde de la jeuneſſe littéraire et artiſtique comme d'un poëte « original »,
nourri de bonnes études et procédant des maîtres
vigoureux et francs d'avant Louis XIV, particulièrement de Régnier. Cette deſcendance, au moins
comme inſpiration, n'était pas très-juſte ; sous ce
rapport, Baudelaire ne procédait de perſonne.
Mais quant aux qualités d'exécution, de ſtyle,
fermeté, netteté, préciſion, la parenté pouvait
s'établir.

En ce temps-là déjà (1843-44) la plupart des
pièces imprimées dans le volume des *Fleurs du
Mal* étaient faites ; et douze ans plus tard, le
poëte, en les publiant, n'eut rien à y changer. Il
fut prématurément maître de ſon ſtyle et de ſon
eſprit.

À cet âge, où l'on commence à vivre, Baudelaire avait déjà beaucoup vécu et conſéquemment
beaucoup penſé, beaucoup vu, beaucoup agi ſur
lui-même. Il avait voyagé au loin, dans ces con-
trées de l'Inde dont le payſage & le parfum obſé-

---

1. Notice ſur Théodore de Banville, au tome IV des *Poëtes français*. Gide-Hachette, 1862.

daient fa mémoire. Émancipé de bonne heure par
la mort de fon père, il s'était vu maître d'une
petite fortune qui fondit entre fes mains & paya
fon apprentiffage de curieux & d'artiste. Son efprit, activé par le déplacement & par l'expérience
précoce de la vie, avait dès lors toute fa maturité;
les hardieffes que d'autres ofent à peine rêver,
il les avait réalifées & les impofait par l'afcen-
dant d'une volonté éprouvée & qui défiait le
ridicule.

Dans cette biographie d'un Efprit, je ne faurais
me laiffer engraver dans le fable fin de l'anecdote
& du cancan. Pourtant, je dois le dire, ces fingu-
larités de costume, de mobilier, d'allures, ces bi-
zarreries de langage & d'opinions, dont fe forma-
lifait l'hypocrite vanité des fots toujours offenfés
des coups portés à la banalité, n'indiquaient-elles
pas déjà le parti pris de révolte & d'hostilité
contre les conventions vulgaires qui éclate dans
les *Fleurs du Mal*, un besoin de s'entretenir dans
la lutte en provoquant journellement & en per-
manence l'étonnement & l'irritation du plus
grand nombre? C'était la vie mariée à la penfée,
l'union de l'action & du rêve, qu'il invoque dans
un de fes plus audacieux poëmes. Tout autre que

lui fût mort des ridicules qu'il se donnait à plaisir, dont les effets le réjouissaient, & que lui faisait porter allégrement & comme des grâces la conscience inébranlable de sa valeur.

Ajoutons que ces extravagances, qui n'irritaient que les nigauds, n'ont jamais pesé à ses amis. On ne les subissait pas; on s'en divertissait, on les savourait comme un condiment aux plaisirs de l'intimité.

C'était aussi pour lui un moyen d'épreuve sur les inconnus. Une question saugrenue, une affirmation paradoxale lui servaient à juger l'homme à qui il avait affaire; & si au ton de la réponse & à la contenance il reconnaissait un pair, un initié, il redevenait aussitôt ce qu'il était naturellement, le meilleur & le plus franc des camarades.

Pendant cette phase inédite de sa vie, Baudelaire était seigneurialement logé dans une maison historique, ce fameux hôtel Pimodan consacré par le séjour de plusieurs notabilités littéraires & artistiques, & où Théophile Gautier a placé la scène d'un de ses contes, le *Club des Haschichins*. Il y habitait sous les combles un appartement de

trois cent cinquante francs par an, compofé, j'ai
bonne mémoire! de deux pièces & d'un cabinet.
Je revois en ce moment la chambre principale,
chambre à coucher & cabinet de travail, unifor-
mément tendue fur les murs & au plafond d'un
papier rouge & noir, & éclairée par une seule fenêtre dont les carreaux, jufqu'aux pénultièmes
inclufivement, étaient dépolis, « afin de ne voir
que le ciel », difait-il. Il était plus tard bien
revenu de ces mélancolies éthérées, et aima
plus que perfonne les maifons & les rues. Il
dit quelque part : « J'ai eu longtemps devant
ma fenêtre un cabaret rouge & vert qui était
pour mes yeux une douleur délicieufe. » *(Salon
de 1846.)*

Entre l'alcôve & la cheminée, je revois encore le
portrait peint par Émile Deroy en 1843, & fur
le mur oppofé, au-deffus d'un divan toujours
encombré de livres, la copie (réduite) des *Femmes d'Alger,* œuvre du même peintre, faite pour
Baudelaire, & qu'il montrait avec orgueil. Qu'eft
devenue cette copie, reftée belle dans mon fouvenir? Je l'ignore, & Baudelaire lui-même n'a
jamais fu me le dire. Le portrait heureufement
a été fauvé & nous a confervé la phyfionomie de

l'auteur des *Fleurs du Mal* dans fon premier âge littéraire.

Difons un mot du pauvre Deroy, artifte de talent, mort jeune avant 1848, & qui a droit à une place dans les fouvenirs de notre jeuneffe. Il était fils de M. Ifidore Deroy, lithographe, dont on connaît de nombreufes vues de Paris & de la Suiffe. Je ne me rappelle pas de qui il était l'élève, ou fi même il avouait un maître. Il fe trouva tout doué, tout prêt lors de l'avénement des coloriftes fignalé par le triomphe de Delacroix & les premiers fuccès de Couture. Outre le portrait dont je parle, & cette copie, égarée ou perdue, des *Femmes d'Alger,* que Baudelaire prifait très-haut, il a laiffé une étude d'après une petite chanteufe des rues [1], quelques portraits, parmi lefquels celui de M. de Banville, père du poëte, que l'on voit encore chez fon fils, de Pierre Dupont, de Privat d'Anglemont, une étude de femme confervée par Nadar. Remarquablement organifé comme peintre, colorifte merveilleux,

---

[1] Cette petite guitarifte, qui circulait en ce temps-là dans le quartier latin, occupait beaucoup les efprits d'alors, peintres & poëtes ; c'eft à elle que fe rapporte la pièce des *Stalactites* de Th. de Banville, précifément intitulée : A UNE PETITE CHANTEUSE DES RUES. C'eft elle auffi, je le crois du moins, la MENDIANTE ROUSSE, des *Fleurs du Mal.*

homme intelligent d'ailleurs & juge clairvoyant, il était, comme tous les hommes de valeur en lutte contre l'obfcurité, affez peu généreux en paroles. La pauvreté, l'ifolement l'avaient rendu méfiant & cauftique. Il mourut trifte & délaiffé, peu regretté de fes confrères qu'il ne ménageait guère & à qui il faifait peur; mais digne de fympathie pour ceux qui avaient apprécié fon talent & qui croyaient à fon avenir. Baudelaire l'aimait, tant pour fes qualités d'artifte que pour fon efprit; il en avait fait fon commenfal. C'eft par l'intermédiaire de Deroy que j'ai fait connaiffance avec Baudelaire, à l'occafion du Salon de 1845.

Revenons à ce portrait qui nous rend un Baudelaire que peu de gens aujourd'hui ont connu, un Baudelaire barbu, ultrà-fafhionable, & voué à l'habit noir.

La figure peinte en pleine pâte s'enlève partie fur un fond clair, partie fur une draperie d'un rouge fombre. La phyfionomie eft inquiète ou plutôt inquiétante; les yeux font grand ouverts, les prunelles directes, les fourcils exhauffés; les lèvres exfufflent, la bouche va parler; une barbe vierge, drue & fine, frifotte à l'entour du menton & des joues. La chevelure, très-épaisse, fait touffe sur les tempes; le corps, incliné sur le coude gauche, est serré dans un habit noir d'où s'échappent un bout de cravate blanche & des manchettes de mousseline plissée. Ajoutez à ce costume des bottes vernies, des gants clairs & un chapeau de dandy, & vous aurez au complet le Baudelaire d'alors, tel qu'on le rencontrait aux alentours de son île Saint-Louis, promenant dans ces quartiers déserts & pauvres un luxe de toilette inusité.

Il m'est impossible, en regardant cette peinture, de n'avoir pas aussitôt présent à la mémoire le portrait de Samuel Cramer dans *la Fanfarlo* nouvelle écrite à la même date, & dont le héros me semble l'exacte ressemblance de l'auteur. — « Samuel a le front pur & noble, les yeux brillants comme des gouttes de café, le nez taquin & railleur, les lèvres impudentes & sensuelles, le menton carré & despote, la chevelure prétentieusement raphaëlesque... » Quelques pages plus loin, l'auteur revient à ce nez, trait essentiel & significatif dans la physionomie de Samuel & dans celle de son peintre : — « Malgré son front trop haut, ses cheveux en forêt vierge, & son nez de priseur, elle le trouva presque bien, &c... »

Ce portrait, page d'histoire pour nous, ressuscite tout un passé de jeunesse poétique & espérante : les longues promenades au Luxembourg & au Louvre, les visites aux ateliers, les cafés esthétiques & les soirées de l'Odéon-Lireux. Autour de cette figure silencieuse, attestant dans son costume & dans sa pose les prétentions communes, surgit tout un essaim de jeunes visages : Pierre Dupont, Th. de Banville, Levavasseur, Prarond, Aug. Dozon, Jules de la Madelène, Philippe de Chennevières, tous souriant au même espoir & professant la même ambition; ambition innocente, mais démesurée, puisqu'elle est infinie, ridicule même selon quelques-uns, mais où il n'entrait du moins rien de vil; car, j'en puis répondre, ni l'argent ni les « positions » n'étaient pour rien dans les rêves d'avenir en ce temps-là. Et, pour nous résumer sur ces souvenirs où nos regrets s'éterniseraient, disons que si les ambitions étaient grandes, la camaraderie était franche & gaie. On ne posait, si pose il y a, que pour le bourgeois; et les habits funèbres & les chevelures désordonnées ne servaient que, comme les monstres que les Chinois portent à la guerre, d'épouvantails à l'ennemi.

Quant au portrait, Baudelaire, après l'avoir longtemps promené de logement en logement, s'en était dégoûté. « Je n'aime plus ces rapinades », disait-il. Et il en fit cadeau à un ami, qui l'a gardé.

II

MÉTHODES DE TRAVAIL

Vers ce temps-là (1840) une évolution fe fit dans l'efprit public. Les luttes littéraires étaient clofes; Victor Hugo, déformais incontefté, confacrait fon triomphe par *les Burgraves* & *les Rayons* & *les Ombres*. L'intérêt, qui toujours déferte les caufes gagnées, fe tourna d'un autre côté : la Peinture détrôna la Poéfie.

Delacroix, dont le génie commençait à s'impofer, ralliait autour de lui les braves qui n'attendent pas les décrets du fuffrage univerfel pour reconnaître & défendre ce que leur jugement approuve. La bataille était là : Baudelaire y courut.

Tout l'y invitait : son goût, sa nature d'artiste, son amour du combat, son mépris des majorités qui lui faisait prendre plaisir à se faire injurier par les myopes & les routiniers. Et c'est ainsi que ses premières publications furent deux traités de peinture : *le Salon de 1845* & *le Salon de 1846.*

Dans la première brochure (elle a soixante pages) se trouvent déjà les qualités, qu'il manifesta toute sa vie, de pénétration & d'exposition; l'horreur des transactions & des ménagements, le ton autoritaire & dogmatique. Delacroix n'est pas discuté; il est affirmé. Nul appel au sentiment, nul appareil de phrases poétiques ni d'éloquence conciliante : une démonstration rigoureuse d'un style net & ferme, une logique allant droit à son but, sans souci des objections, ni des tempéraments. Nul doute que ces apologies raisonnées, la seconde surtout, plus complète & plus travaillée, n'aient conquis parmi les contemporains de vives sympathies à Eugène Delacroix, qui s'en montra reconnaissant, en témoignant jusqu'à la fin de sa vie, à leur auteur, la plus bienveillante amitié.

C'est dans le compte rendu du Salon de 1845 que se trouve un éloge enthousiaste de M. Wil-

liam Hauſſoulier, qui précéda dans les prédilec-
tions artiſtiques de Baudelaire Conſtantin Guys,
Rethel & Édouard Manet. Le tableau, ſujet de cette
apothéoſe, repréſentait la Fontaine de Jouvence,
& avait ſéduit Baudelaire autant par l'attrait du
ſens métaphyſique que par un certain aſpect
archaïque & romaneſque. Baudelaire, malgré ſon
amour de l'éclat & de la violence, malgré ſa curio-
ſité déjà notée des procédés & des raffinements, a
toujours été dans ſa critique de l'école philoſo-
phique. Il a écrit un jour cet axiome : « Pas de
grande peinture ſans de grandes penſées[1]. » Du dix-
huitième ſiècle, dont il procédait par tranſmiſſion
paternelle, il avait hérité le goût de l'abſtraction
& des ſyſtèmes. Il a laiſſé inachevé, plutôt indi-
qué même que commencé, un article ſur la *Peinture didactique,* où il ſe propoſait d'expoſer les
théories de Chenavart, d'Alfred Rethel, &c.
Janmot même & ſon *Hiſtoire d'une Ame* ne lui
déplaiſaient pas. Dans ſes préférences, Louis David
ſe rencontrait avec Delacroix. Les petits maîtres
du temps de la Révolution, les Bailly, les Frago-
nard, les Carle Vernet, les Debucourt le char-

---

1 Salon de 1859. Dans la *Revue française.*

maient. Il a même eu plus tard des entrailles
pour Horace Vernet, fi malmené dans ses *Sa-
lons*; il eſt vrai que c'était pour l'Horace Vernet
d'avant *la Smalah*. Ce que nous diſons ici n'a
nullement pour but de mettre Baudelaire en contradiction avec lui-même, & de donner à croire
qu'il jouât un rôle en ſe déleſtant des qualités
plaſtiques. Je dis ſeulement qu'en lui l'artiſte
ſe doublait d'un philoſophe, & que le philoſophe
dominait. Comme artiſte, & plus qu'aucun autre, il jouiſſait de la choſe bien faite, de la bonne
exécution, de la perfection de la forme & de la
couleur; mais il en jouiſſait d'autant plus que
ces qualités lui faiſaient immanquablement deviner un eſprit ſupérieur & diſtingué; car en
variant ſon axiome on peut dire : pas de bon
artiſte ſans un bon eſprit & un ſentiment juſte;
jamais imbécile n'a bien fait quoi que ce ſoit. En
un mot, on peut juger de ſon goût en art par
ſon ſtyle même, irréprochable, excellent, quoi
qu'il ait voulu exprimer, mais pur de toute niai-
ſerie & de tout enjolivement paraſite. Quant aux
tours de force de palette, aux folies de la couleur,
on voit ce qu'il en penſait, dès ce temps-là, à la
ſévérité de ſes jugements ſur de certains peintres

alors très-renommés & très à la mode même parmi
les artiftes. C'était là ces rapinades dont il fut
promptement dégoûté. A ce même Salon de
1845, il avait été frappé du charme d'un certain
portrait figné d'un nom nouveau. C'était un portrait de femme, pâle et romantique, noyée dans
la langueur, d'un effet trifte et doux. Le peintre
fut pour fon début comblé d'éloges : « Colorifte
de première force... favant harmonifte... cher-
cheur confciencieux... &c., &c. » Mais à l'année
fuivante, l'artifte déchoit : on découvre de la tri-
cherie dans fa manière, du charlatanifme dans
fes procédés; enfin le critique s'aperçoit qu'il a
été dupe; peut-être l'avait-il été furtout de fon
fentiment & de fon imagination. Voici néanmoins ce qu'on lit au chapitre du même artifte
dans *le Salon de 1846 :* « Quant à M. H......,
je lui en veux d'avoir fait une fois un portrait
dans une manière romantique & fuperbe, et de
n'en avoir pas fait d'autres; je croyais que c'était
un grand artifte qui lâchait quelques rapinades
à fes heures perdues; mais il paraît que ce n'était
qu'un peintre. »

Le Salon de 1846 fit son bruit. Le précédent
n'était qu'une préface; celui-ci était prefque un

livre. Les myſtères de la couleur, l'énigme et
l'attrait du moment, y ſont expliqués & déduits
auſſi rigoureuſement que le pouvait faire un poëte
s'adreſſant délibérément à la partie la plus publique du public, — aux bourgeois; car c'eſt
bien effectivement Aux Bourgeois qu'eſt dédié ce
livre de haute eſthétique, non pas, comme on pourrait le croire, par amour du paradoxe, mais en
haine & à l'exclusion du demi-bourgeois et du
faux artiſte que l'auteur appelle les « accapa-
reurs », les « phariſiens. » Vous valez mieux
qu'eux, dit-il à ſes dédicataires, car vous aimez
la poéſie & l'art, « vous en concevez l'utilité,
bourgeois, — légiſlateurs ou commerçants, —
quand la ſeptième ou la huitième heure ſonnée
incline votre tête fatiguée... C'est donc à vous,
bourgeois, que ce livre eſt naturellement dédié;
car tout livre qui ne s'adreſſe pas à la majorité,
nombre & intelligence, eſt un ſot livre. » Ce qui
me parait le plus clair là-dedans, c'eſt qu'en trai-
tant directement avec le bourgeois, Baudelaire
trouvait le moyen de paſſer par-deſſus la tête à
ſes confrères & s'établiſſait de plein droit dans le
ton affirmatif et dogmatique qui lui plaiſait, en
s'épargnant les diſcuſſions oiſeuses. Indépendam-

ment des chapitres de critique tranfcendante & de théorie où Baudelaire a manifefté le don qu'il poffédait à un fi haut degré, d'être précis & clair dans un fujet abftrait *(De la Couleur. — Qu'eft-ce que le Romantifme? — Eugène Delacroix)*, ce court volume foifonne en jolis paffages, tantôt plaifants, tantôt graves; ici l'enthoufiasme, ici l'ironie. Il a l'abondance de tout premier livre où un efprit généreux & fécond dégorge fes premières idées, fes fentiments, fes croyances. C'eft de la critique voltigeante & ondoyante, courant par bonds & par voltes, & que l'on fuit fans fatigue, un difcours amufant & varié comme une converfation. On retient à la première lecture un délicieux paragraphe fur *Les Sujets amoureux* à propos de Taffaert; de plaifantes diatribes contre Horace Vernet, l'homme né-coiffé; contre Ary Scheffer, l'éclectique, le finge de fentiment, & fes adulatrices; contre l'école Couture, contre l'école du payfage hiftorique; des jugements rapides & lumineux, des penfées concifes, arrêtées comme des maximes : — « M. D... part de ce principe, qu'une palette eft un tableau. » — « Un imitateur eft un indifcret qui vend une furprife. » Des réfumés clairs & frappants tel que celui-ci

(nous demandons grâce pour le dernier terme) :
— « Une méthode fimple pour connaître un artifte eft d'examiner fon public. E. Delacroix a
pour lui les peintres et les poëtes; M. Decamps,
les peintres; M. Horace Vernet, les garnifons,
& M. Ary Scheffer les femmes efthétiques, qui fe
vengent de leurs flueurs blanches en faifant de
la mufique religieuse. » Et celui-ci encore fur la
portée de l'efprit français en matière de beaux-
arts : — « Dans le fens le plus généralement
adopté, Français veut dire vaudevillifte, & vaudevillifte un homme à qui Michel-Ange donne
le vertige & que Delacroix remplit d'une ftupeur
beftiale, comme le tonnerre certains animaux.
Tout ce qui eft abîme, foit en haut, foit en bas,
le fait fuir prudemment. Le fublime lui fait toujours l'effet d'une émeute, & il n'aborde même
fon Molière qu'en tremblant, & parce qu'on lui
a perfuadé que c'était un auteur gai. » Par
malheur, le dernier chapitre, la conclufion, *De
l'Héroïfme de la vie moderne* ne conclut pas.
L'auteur y développe une propofition de Sten-
dhal, citée dans l'un de fes premiers chapitres, &
réclame pour les paffions & les mœurs modernes
un caractère de beauté épique fupérieur à celui

de l'épopée antique : c'était la grande prétention d'alors; on oppofait le fuicide de Werther au fuicide de Caton, le courage moral au courage phyfique, les héros de Balzac aux héros de l'Iliade, &c., &c. L'argumentation faiblit dans la définition de ce beau moderne tant préconifé, & de la révolution qu'il eft appelé à produire dans les arts plaftiques. Ici on pouvait fe plaindre que l'affirmation remplaçât trop abfolument la démonftration. Beauté moderne, foit! mais quant à l'oppofition du beau moderne & du beau ancien, il m'a toujours femblé que la queftion se réduifait à des différences de climat et d'habitude qui ne comportent qu'une préférence relative & non absolue. Au refte, cette coda, un peu faible, un peu terne, n'enlève rien à l'éclat des premières pages, ni au brillant de l'efprit qui anime l'ouvrage entier.

Ainfi que je l'ai déjà dit, ce petit livre fit fon effet : il répandit dans le public, non pas le public invoqué dans la dédicace, mais le vrai public, le public littéraire, confrères & contemporains, la réputation que Baudelaire poffédait légitimement déjà dans le cercle d'amis qui avait eu communication de fes poéfies & de fa nouvelle *la*

Fanfarlo. Ce début le claſſa parmi les écrivains-artiſtes, allez élevés en intelligence pour comprendre l'importance du ſtyle & de la forme dans les œuvres; qui n'ont d'enthouſiasme que pour le beau, d'ambition que celle de bien faire, & que pour cette raiſon les politiques & les moraliſtes appellent ſceptiques. Dans ce temps-là on les appelait : bohèmes; épithète dont le ſens ſerait aſſez difficile à expliquer, ſi on ne pouvait l'entendre de l'iſolement qui ſe fait forcément autour de gens qui ne ſe ſoucient que de ce dont les autres ne veulent pas. Autrement, ſi l'on s'en rapportait à l'acception vulgaire qui ſignifie par ce mot de bohèmes, des vagabonds, des paraſites, des gens ſans aveu, il ſuffirait, pour en conteſter l'application à la génération dont je parle, de répondre que Baudelaire était fils d'un ancien profeſſeur de l'Univerſité, ſecrétaire du Sénat ſous le premier empire, que Théodore de Banville a eu des ancêtres à la troiſième croiſade, & que Champfleury, fils d'un imprimeur, eſt iſſu de bonne bourgeoiſie.

Toute génération, toute famille d'écrivains que groupe une communauté d'idées & de goûts, trouve ou crée un endroit, journal ou revue, pour poser son programme. Ce journal fut, après 1840, le *Corsaire-Satan*[1], dirigé par Lepoittevin Saint-Alme, un vieillard solennel, à mine de vieux troupier, qui découvrait majestueusement ses cheveux blancs devant quiconque s'avisait de venir se plaindre des vivacités de la rédaction. Là débutèrent Champfleury, Murger, Th. de Banville, Antoine Fauchery, Marc Fournier, A. Vitu, Henri Nicolle, A. Busquet, Édouard Plouvier, Charles de la Rounat, Alexandre Weill, préludant de concert à des destinées bien diverses. Baudelaire s'y trouva porté tout naturellement; & l'on vit alors apparaître sur le boulevard son fantastique habit noir, dont la coupe imposée au tailleur contredisait insolemment la mode, long & boutonné, évasé par en haut comme un cornet et terminé par deux pans étroits et pointus, en queue de sifflet, comme eût dit Petrus Borel. Au reste, sa part de rédaction fut mince & se borna à deux ou trois articles qu'il répudiait plus tard, & qui ne se retrouvent pas sur

---

[1] Notons, pour être exacts, *la Silhouette*, feuille hebdomadaire, dirigée par Balathier, où parurent les premières *Odes funambulesques* de Th. de Banville.

les liftes qu'il a laiffées d'œuvres à réimprimer. Au
fond, le journalifme n'était pas fon affaire. Sa
nature ariftocratique l'éloignait de ce pugilat en
public qui rappelle l'arène & le cirque banal.
Auffi les bureaux du *Corfaire* furent-ils furtout
pour lui un falon de converfation.

Il s'y lia particulièrement avec Champfleury,
dont il refta l'ami fidèle, & avec Th. de Banville,
pour lequel, dès l'apparition des *Cariatides* il
avait conçu une fincère admiration. Cette admiration, il l'a exprimée plus tard avec autorité dans
la notice à laquelle j'ai déjà fait allusion en com-
mençant. Remarquons qu'il ne s'eft jamais peut-
être rencontré de plus complète oppofition de
génie & de nature qu'entre ces deux poëtes, d'ailleurs égaux en talent. De façon qu'on peut dire
que chacun fe complète par l'autre, & qu'entre
eux l'admiration, de même que l'amitié, vivait
de contraftes.

Je ne puis me difpenfer de citer ici le dernier
paragraphe de cette notice, où Baudelaire fe juge
lui-même en jugeant fon complémentaire :

« Beethoven a commencé à remuer les mondes
» de mélancolie & de défefpoir incurable amaf-
» fés comme des nuages dans le ciel intérieur de

» l'homme. Maturin dans le roman, Byron dans
» la poéfie & Poë dans le roman analytique, ont
» admirablement exprimé la partie blafphéma-
» toire de la paffion : ils ont projeté des rayons
» fplendides, éblouiffants, fur le Lucifer latent
» qui eft inftallé dans tout cœur humain. Je veux
» dire que l'art moderne a une tendance effentiel-
» lement démoniaque. Et il femble que cette
» part infernale de l'homme, que l'homme prend
» plaifir à s'appliquer à lui-même, augmente jour-
» nellement, comme fi le diable s'amufait à la
» groffir par des procédés artificiels, à l'inftar des
» engraiffeurs, empâtant patiemment le genre
» humain dans fes baffes-cours, pour fe préparer
» une nourriture plus fucculente. — Mais Théo-
» dore de Banville refufe de fe pencher fur ces
» marécages de fang, fur ces abîmes de boue.
» Comme l'art antique, il n'exprime que ce qui
» eft beau, joyeux, noble, grand, rhythmique.
» Auffi, dans fes œuvres vous n'entendrez pas
» les diffonances, les difcordances des mufiques
» du fabbat, non plus que les glapiffements de
» l'ironie, cette vengeance du vaincu. Dans fes
» vers, tout a un air de fête et d'innocence, même
» de volupté. Sa poéfie n'eft pas feulement un

» regret, une noftalgie ; elle eft même un retour
» très-volontaire vers l'état paradifiaque. À ce
» point de vue nous pouvons donc le confidérer
» comme un original de la nature la plus cou-
» rageufe. En pleine atmofphère fatanique, ou
» romantique, au milieu d'un concert d'impré-
» cations, il a l'audace de chanter la bonté des
» Dieux, & d'être un parfait claffique. Je veux
» que ce mot foit entendu dans le fens le plus
» noble, dans le fens vraiment hiftorique. »

III

LA RÉVOLUTION DE FÉVRIER

L A révolution de 1848 arrêta l'effor de ces jeunes talents & rompit le faifceau des camaraderies littéraires. La paffion politique, le besoin fubit d'action, la curiofité, l'efprit d'utopie créèrent, de ci, de là, des diverfions & même des divergences. S'il ne prit pas activement part aux événements, Baudelaire en reffentit le contre-coup, & devait le reffentir. Il était loin de la fécurité olympienne qui fait rimer *le Divan* pendant la guerre, & peindre *la Naiffance de Vénus* au bruit de l'émeute. Le poëte qui a plongé fi résolûment dans les mifères des infimes, qui a compati à leur perverfité comme à leur détreſſe *(Le Vin de l'aſſaſſin, Les deux Crépuſcules)*, & tiré de leurs douleurs & de leurs joies, de leurs déſeſpoirs, des chants ſi éloquents de pitié mélancolique, celui là, certes, était un poëte humain. Baudelaire était en poéſie ce que j'ai déjà dit qu'il était en critique, un artiſte doublé d'un philoſophe.

La religion de la forme n'ôtait rien en lui à la vivacité des impreſſions, ni à l'ardeur de la ſympathie. C'était une âme exquiſe & mobile : & ſous le romantique amoureux de l'éclat & du relief, on retrouvait quelque choſe de l'homme ſenſible du dix-huitième ſiècle. En vertu de la tradition déjà ſignalée, de l'influence transmiſe de Rouſſeau & de Diderot, Baudelaire aimait la Révolution; plutôt il eſt vrai, d'un amour d'artiſte que d'un amour de citoyen. Ce qu'il en aimait, ce n'était pas les doctrines, qui, au contraire, choquaient en lui un certain ſens ſupérieur de myſticiſme ariſtocratique; c'était l'enthouſiaſme, la fervente énergie qui bouillonnaient dans toutes les têtes & emphatiſaient les écrits & les œuvres de toutes ſortes. Le premier, je l'ai dit, du moins longtemps avant que la vogue y fût revenue, il s'était paſſionné pour l'art révolutionnaire. Tout lui en plaifait, non-feulement les œuvres des maîtres, grands & petits, que j'ai nommés plus haut, mais même les fcènes épifodiques, les deffins de coftume & les gravures de modes. Il me difait un jour : — « Toutes les fois que je vois fur un théâtre un acteur coftumé en incroyable & coiffé de cadenettes, je l'envie & je tâche de me figurer que c'eft moi. » Lui, fi précis & fi net dans fes vers, il ne déteftait pas l'emphafe & la période dans les vers ni dans la profe; nouvel exemple de cette inconféquence qui nous fait aimer chez les autres les vertus que nous ne voudrions pas pratiquer nous-mêmes[1]. Il fallait l'entendre déclamer, les bras étendus, les yeux brillants de plaifir, certaines phrafes pompeufes de Chateaubriand : « — Jeune, je cultivai les mufes, &c., » ou de certaines ftrophes redondantes de Marie Chénier :

Camille n'eft plus dans vos murs,
Et les Gaulois font à vos portes !...

1 Il s'eft expliqué là-deffus dans fa Notice fur Mme Defbordes-Valmore, au tome IV des *Poëtes français* : — « Plus d'une fois un de vos amis, comme vous lui faifiez confidence d'un de vos goûts, d'une de vos paffions, ne vous a-t-il pas dit : Voilà qui eft fingulier! car cela eft en défaccord avec toutes vos autres paffions, etc ? » Mais il faut lire tout l'article où la démonftration fe prolonge en fe difféminant.

C'est ce qu'il appelle dans fes notes le ton
« éternel et cofmopolite », le ftyle-René, le ftyle-
Alphonfe Rabbe, &c., &c.

On retrouve la trace de l'émotion que lui caufa
la révolution de Février dans deux ou trois articles du temps [1] et dans la préface qu'il écrivit
pour l'édition illuftrée des chanfons de Pierre
Dupont (1851) [2].

---

[1] On a fouvent cité l'article intitulé : LES CHATIMENTS DE DIEU,
publié le 28 février dans le *Salut public*, journal qui n'eut que deux
numéros. Cet article a été reproduit *in extenfo* dans la *Revue critique des journaux de 1848*, de M. J. Wallon.

[2] A propos de ces œuvres éparpillées de la première jeuneffe, on ne
doit pas craindre de multiplier les citations. J'extrais feulement quelques lignes de cette préface écrite d'un ton dogmatique, & qui con-
firme ce que j'ai avancé de la dualité de l'efprit de Ch. Baudelaire. Il
s'agit d'abord du *Chant des ouvriers*, compofé par P. Dupont en 1846,
après le fuccès de fon recueil des *Payfans.* — « Je me rappelle encore
la confidence qu'il m'en fit, avec une naïveté charmante, et comme
encore indécis dans fa réfolution. Quand j'entendis cet admirable cri
de douleur & de mélancolie, je fus ébloui et attendri. Il y avait tant
d'années que nous attendions un peu de poéfie forte & vraie! Il eft
impoffible, à quelque parti qu'on appartienne, de quelques préjugés
qu'on ait été nourri, de n'être pas touché du fpectacle de cette multitude maladive, refpirant la pouffière des ateliers, avalant du coton,
s'imprégnant de cérufe, de mercure & de tous les poifons néceffaires
à la création des chefs-d'œuvre, dormant dans la vermine; au fond
des quartiers où les vertus les plus humbles et les plus grandes ni-
chent à côté des vices les plus endurcis & des vomiffements du bagne;
de cette multitude foupirante & languiffante à qui *la terre doit fes
merveilles* *; qui fent *un fang vermeil & impétueux* couler dans fes

* On devine que les mots en italique font des citations des vers de
la chanfon.

Je la retrouve furtout dans fes notes écrites plus tard, à loifir, & où il juge lui-même fes impreffions :

— Mon ivreffe en 1848. De quelle nature était cette ivreffe ? — Goût de la vengeance ; plaifir *naturel* de la démolition.

— Ivreffe littéraire ; fouvenir des lectures.

veines ; qui jette un long regard chargé de trifteffe fur le foleil & fur l'ombre des grands parcs, & qui, pour fuffifante confolation & réconfort, répète à tue-tête fon refrain fauveur : *Aimons-nous !* » Un peu plus loin : — « Difparaiffez donc, ombres fallacieufes de René, d'Oberman et de Werther ; fuyez dans les brouillards du vide, monftrueufes créations de la pareffe & de la folitude ; allez vous replonger dans les forêts enchantées d'où vous tirèrent les fées ennemies, moutons attaqués du vertige romantique. Le génie de l'action ne vous laiffe plus de place parmi nous. » Et enfin ces dernières lignes, qui contiennent comme l'arrêt fuprême du critique : « — En un mot, quel eft le grand fecret de Pierre Dupont, & d'où vient cette fympathie qui l'enveloppe ? Ce grand fecret, je vais vous le dire : il n'eft ni dans l'acquis, ni dans l'ingéniofité, ni dans l'habileté du faire, ni dans la plus ou moins grande quantité de procédés que l'artifte a puifés dans le fonds commun du favoir humain ; il eft dans l'amour de la vertu et de l'humanité, & dans ce je ne fais quoi qui s'exhale inceffamment de fa poéfie, que j'appellerai volontiers le goût infini de la République. » Ces opinions pourraient paffer pour hiréfies de la part d'un poëte auffi inflexiblement artifte que l'était Baudelaire. Mais non ; n'oublions pas l'*homo duplex.* Ici, c'eft l'*homme fenfible* qui a la parole. Ne retrouve-t-on pas d'ailleurs le même attendriffement, le même accent vibrant de fympathie humaine dans plus d'une pièce des *Fleurs du Mal*, les *Deux Crépufcules*, la *Voifine de la ville*, où le poëte femble s'être affranchi du rhythme pour laiffer couler plus *à-plein-lit* fon émotion. — Ailleurs, dans un article fur l'*École païenne*, publié dans un journal de théâtres, Baudelaire, irrité contre l'idolâtrie pédante de la mythologie antique, concluait ainfi : « Toute littérature qui ne fe réfout pas à marcher entre la fcience et la philofophie, eft une littérature homicide et fuicide. » Ainfi, par moments, le philofophe reprenait la main fur l'artifte.

Ailleurs :

— Il y a dans tout changement quelque chose d'infâme et d'agréable à la fois, quelque chose qui tient de l'infidélité & du déménagement. Cela suffit à expliquer la Révolution française.

— 1848 ne fut charmant que parce que chacun y faisait des utopies comme des châteaux en Espagne.

Et plus loin il ajoute, comme pour attester ce que j'ai dit plus haut de la nature de son penchant pour la Révolution :

— Robespierre n'est estimable que parce qu'il a fait quelques belles phrases.

En tout, en religion comme en politique, Baudelaire était souverainement indépendant, d'autant plus indépendant qu'il dépendait uniquement de ses nerfs, capable de crier : écrasons l'infâme ! devant les singeries de la dévotion à la mode, & le lendemain d'exalter les jésuites, si quelque Prud'homme de la démocratie l'ennuyait de ses déclamations banales. Ce qui faisait son indépendance, c'est ce qu'il a appelé « la puissance de l'Idée fixe. » Rien ne protége la vie contre les engagements des partis mieux que la tyrannie d'une pensée cons-

tante & d'un but unique. Le but pour Baudelaire, c'était le Beau; fa seule ambition était
la gloire littéraire. On échappe ainfi aux préjugés & aux illufions impofées par la folidarité :
on voit les torts des uns & des autres; on n'eft
dupe d'aucun côté. Et c'eft ainfi que l'on peut
dire que pour les efprits élevés la fageffe eft
faite de contradictions.

Je n'ai pas, écrivait Baudelaire, de conviction, comme l'entendent les
gens de mon fiècle. Il n'y a pas en moi de bafe pour une conviction,
parce que je n'ai pas d'ambition [1]. — Les brigands font convaincus
— de quoi ? — qu'il leur faut réuffir. Auffi réuffiffent-ils. — Pourquoi réuffirais-je là où je n'ai pas même envie d'effayer ?

J'ai cependant quelques convictions dans un fens plus élevé & qui
ne peut être compris par les gens de ce temps-ci.

Quoi de plus abfurde que le Progrès, puifque l'homme, comme cela
eft prouvé par le fait journalier, eft toujours femblable & égal à
l'homme, c'eft-à-dire toujours à l'état fauvage ? Qu'eft-ce que les
périls de la forêt & de la prairie auprès des chocs & des conflits quo-
tidiens de la civilifation ? Que l'homme enlace fa dupe fur le boulevard, ou perce fa proie dans des forêts inconnues, n'eft-il pas l'homme
éternel, c'eft-à-dire l'animal de proie le plus parfait ?

Je comprends qu'on déferte une caufe pour favoir ce qu'on éprou-

---

[1] On comprend qu'il s'agit ici d'ambition dans le fens politique &
des affaires.

vera à en fervir un autre. — Il ferait peut-être doux d'être alternativement victime et bourreau.

Et enfin comme conclusion :

— Le poëte n'eft d'aucun parti : autrement il ferait un homme comme les autres.

Pendant cette grève littéraire de 1848 & des années fuivantes, Baudelaire, naturellement, produifit peu. Il vivait retiré à l'extrémité de Paris. On le rencontrait, m'a-t-on dit, fur les boulevards extérieurs, vêtu tantôt d'une vareufe & tantôt d'une bloufe ; mais auffi irréprochable, auffi correct dans cette tenue démocratique que fous l'habit noir des jours profpères. Tout ce que j'ai pu favoir de fa vie à cette époque, c'eft qu'il fut un jour envoyé à Dijon pour diriger un journal gouvernemental, dont il fit, dès le fecond numéro, un journal d'oppofition. De ce féjour à Dijon il lui était refté un fouvenir amer ; & il ne prononçait jamais le nom de cette ville qu'en ferrant les dents.

Je ne le rejoignis qu'en 1850, où une circonftance infignifiante nous remit en quête l'un de l'autre. C'eft alors qu'il me montra chez lui, dans un logement proche du boulevard Poiſſonnière, le manuſcrit de ſes poéſies magnifiquement copié par un calligraphe, & qui formait deux volumes in-4° cartonnés & dorés. C'eſt ce manuſcrit qui a ſervi pour l'impreſſion des *Fleurs du Mal.*

IV

EDGAR POË

VERS ce temps-là auffi, une curiofité nouvelle s'empara de l'efprit de Baudelaire
& remplit fa vie. On devine que je
veux parler d'Edgar Poë, qui lui fut révélé par
les traductions de Mme Adèle Meunier, publiées
en feuilletons dans les journaux. Dès les premières lectures il s'enflamma d'admiration pour
ce génie inconnu qui affinait au fien par tant
de rapports. J'ai peu vu de poffeffions auffi
complètes, auffi rapides, auffi abfolues. A tout
venant, où qu'il fe trouvât, dans la rue, au café,
dans une imprimerie, le matin, le foir, il allait
demandant : — Connaiffez-vous Edgar Poë ?

Et, felon la réponfe, il épanchait fon enthou-
fiafme, ou preffait de queftions fon auditeur.

Un foir, fatigué d'entendre ce nom nouveau
revenir fans ceffe dans nos converfations & tour-
billonner à mes oreilles comme un hanneton
exafpéré, je dis à mon tour : — Qu'eft-ce
qu'Edgar Poë ?

En réponfe à cette fommation directe, Baudelaire me raconta, ou plutôt me récita le conte du
Chat noir, qu'il poffédait comme une leçon
apprife, & qui, dans cette traduction improvifée,
me fit une vive impreffion.

Dès lors, Baudelaire ne ceffa plus de s'occuper
d'Edgar Poë. Il ne fit plus une démarche, plus
un pas dans un autre fens. Quiconque, à tort ou
à raifon, était réputé informé de la littérature
anglaife & américaine, était par lui mis littéra-
lement à la *queftion.* Il accablait les libraires
étrangers de commiffions & d'informations fur
les diverfes éditions des œuvres de fon auteur,
dont quelques-uns n'avaient jamais entendu
parler. J'ai été plus d'une fois témoin de fes
colères, lorfque l'un d'eux lui avouait ne connaître ni l'auteur ni l'ouvrage, ou lui répétait
une fauffe indication. Comment pouvait-on vivre

fans connaître par le menu Poë, fa vie & fes œuvres?

Je l'accompagnai un jour à un hôtel du boulevard des Capucines, où on lui avait fignalé l'arrivée d'un homme de lettres américain qui devait avoir connu Poë. Nous le trouvâmes en caleçon et en chemife, au milieu d'une flottille de chauffures de toutes fortes qu'il effayait avec l'affiftance d'un cordonnier. Mais Baudelaire ne lui fit pas grâce : il fallut, bon gré mal gré, qu'il fubît l'interrogatoire, entre une paire de bottines et une paire d'efcarpins. L'opinion de notre hôte ne fut pas favorable à l'auteur du *Chat noir*. Je me rappelle notamment qu'il nous dit que M. Poë était un efprit bizarre et dont la converfation n'était pas du tout *conféquioutive*. Sur l'efcalier, Baudelaire me dit en enfonçant fon chapeau avec violence : — « Ce n'eft qu'un yankee! »

Au bout de quelques jours, je fus au courant de fes griefs contre M. Rufus Grifwold, le détracteur de Poë, & de fes fympathies pour Willis & pour M^ss Cleems, son apologifte & fon ange gardien. Il ne permettait pas qu'aucun de fes amis ignorât la moindre circonftance de la biographie de fon héros, & fe fâchait fi on ne faififfait pas du premier coup une intention comique, une allufion, une fineffe. Au refte, le premier venu lui fuffifait. Il était, comme tous les écrivains qui ont pour habitude de caufer leurs fujets & de les *ufer* dans la converfation, peu difficile en fait d'auditoire. Un garçon de café, pourvu qu'il fût parler anglais, lui fervait de prétexte à difcuter le fens d'un mot, d'une expreffion proverbiale, d'un terme d'argot. Il prit longtemps pour confeil un tavernier anglais de la rue de Rivoli, chez lequel il allait boire le wifky & lire le *Punch*, en compagnie des grooms du faubourg Saint-Honoré.

Ce qui ôte tout ridicule à cette manière de procéder, c'eft le réfultat. En allant ainfi de l'un à l'autre, du littérateur à l'épicier, Baudelaire favait ce qu'il faifait. Il entretenait fon efprit par la contradiction dans une gymnaftique per-pétuelle. De fon voyage aux Indes il avait rap-porté une connaiffance très-fuffifante de la langue anglaife. Mais pour traduire un auteur auffi fubtil que Poë, & auffi moderne, il fallait favoir plus que l'anglais littéraire. Son ironie froide, impaffible, fe diftille en demi-fens, en équivo-

ques, en jeux de mots, allusions à de petits faits
journaliers, & à des plaisanteries courantes qu'un
domestique ou un petit négociant étaient plus
capables de saisir & d'expliquer qu'un académicien.

Alors qu'il publiait dans le *Moniteur* les *Aventures de Gordon Pym*, troisième volume de sa
traduction (1858), il courait les tavernes & les
tables d'hôte pour découvrir un marin anglais
qui pût lui donner le sens exact des termes de
navigation, de manœuvre, &c. Un jour, le
voyant se creuser la tête à propos d'un détail
d'orientation, j'eus le malheur de le plaisanter
sur sa rigueur d'exactitude.

— Eh bien ? me dit-il en relevant la tête, et les
gens qui lisent en suivant sur la carte !

Je sens encore son regard chargé de mépris et
de fureur, & qui voulait dire : Vous ne com-
prenez donc pas que toute chose que j'écris doit
être irréprochable, & que je ne dois pas plus
donner prise à la censure d'un matelot qu'à la
critique d'un littérateur ?

J'avoue que je ne pus m'empêcher de rire ce
jour-là en imaginant un abonné du *Moniteur*
lisant son journal le doigt sur un atlas.

Et pourtant j'avais tort, & Baudelaire avait raifon. Ce n'eft que par ce foin fcrupuleux, minutieux, opiniâtre, qu'on arrive à donner aux œuvres une valeur définitive. C'eft grâce à cette application continuelle que la traduction d'Edgar Poë a obtenu le fuccès fuprême auquel peut prétendre un travail de ce genre, de naturalifer un auteur dans une littérature étrangère, avec l'approbation de fes nationaux. Cette traduction fit en effet beaucoup d'honneur à Baudelaire en Angleterre, & il en recueillit de grands avantages lors de la publication de fon recueil de poéfies. Dans un article du *Spectator* [1], qui contient une très-lucide & très-élogieuse appréciation des *Fleurs du mal*, Baudelaire eft préfenté au public anglais comme déjà recommandable pour fes « admirables » traductions & pour fes judicieufes critiques des écrivains américains & anglais [2]. Tout récemment encore, le rédac-

---

[1] Du 6 feptembre 1862.

[2] L'auteur de l'article a évidemment rapproché de la traduction des œuvres de Poë l'analyfe faite par Baudelaire des *Confeffions d'un mangeur d'opium* de de Quincey, dans le livre des *Paradis artificiels*, publié avant la feconde édition des *Fleurs du Mal*. C'eft cette feconde édition, ainfi qu'en témoigne la date, qui fait le fujet de l'article du *Spectator*.

teur d'une Revue de Londres, examinant les dernières productions de la poéfie anglaife, reconnaiffait· Baudelaire comme un chef d'école dont l'influence s'était fait fentir même en dehors de fon pays.

Dans ce travail confidérable, puifque l'ouvrage entier comprend cinq volumes de texte compacte, Baudelaire a donné la mefure de fa puiffance d'application & de fa pénétration d'efprit; il a auffi livré fa méthode. J'ai déjà fignalé ailleurs, en parlant de Gérard de Nerval, l'habitude fyftématique chez de certains écrivains, de colporter leurs fujets, de les *caufer,* de les cuire, fi je puis ainfi parler, à tous les fours, en les foumettant au jugement des grands & des petits, des lettrés & des naïfs. Cette méthode était auffi celle de Baudelaire; & c'eft ce qui explique à la fois le petit nombre & l'excellence de fes ouvrages. Baudelaire travaillait en dandy [1]. Nul ne fut

---

[1] Ce mot de *dandy,* Baudelaire l'employait fréquemment dans fa converfation & dans fes écrits, en le prenant dans un fens particulier, — héroïque & grandiofe. Le dandy était à fes yeux l'homme parfait, fouverainement indépendant, ne relevant que de lui-même, & régnant fur le monde en le dédaignant. L'écrivain-dandy était celui qui méprife l'opinion commune & ne s'attache qu'au beau, & encore felon fa conception particulière. Le mot revient fouvent dans les notes manufcrites dont j'ai déjà cité quelques lignes. En tête d'une page, je

moins *befogneur* que lui. S'il aimait le travail,
comme art, il avait en horreur le travail-fonction.
J'ai entendu des gens qui l'avaient mal connu,
ou qui l'avaient connu trop tard, s'étonner que,
« avec un fi grand talent », Baudelaire ne gagnât
pas *beaucoup d'argent.* C'était le méconnaître
abfolument. Quoiqu'il ait longtemps manifefté
la prétention & même la conviction de s'en-
richir par fon travail, Baudelaire était trop
délicat & trop respectueux de lui-même pour
devenir jamais un *money-making author.* Plus
que perfonne il avait parlé dans fa jeuneffe des
quinze cents francs qu'il lui fallait à la fin de
la femaine & qu'il ne doutait pas de gagner en
trois jours, & d'autres tours de force de rapidité.
C'était là, fi l'on veut, de la forfanterie juvénile ;

---

lis : —*Supériorité du danfy. Qu'eft-ce que le dandy ?* Malheureufe-
ment, la page eft blanche. Mais on peut recompofer la réponfe de
diverfes notes éparpillées çà & là fur différents fujets. Par exemple :
— « Le dandy eft le roi du monde. » — « La femme eft le contraire du
dandy, parcequ'elle eft *naturelle,* c'eft-à-dire vulgaire. » — « Le dandy
ne fait rien ; il méprife toute fonction. Se figure-t-on un dandy parlant
au peuple, autrement que pour le bafouer ? » &c. Le dandyfme en
littérature ferait donc tout ce qui eft l'oppofé de la cuiftrerie, du pé-
dantifme & de la befogne. Dans un livre projeté, fous le titre un peu
primitif de *Réflexions fur quelques uns de mes contemporains,*
Baudelaire avait réfervé un chapitre à part aux dandys-littéraires.
C'était Chateaubriand, le marquis de Cuftine, Paul de Molènes (militaire & écrivain), M. Barbey d'Aurevilly, &c., &c.

c'était mieux encore, un moyen de fe ftimuler
& d'affirmer fa confiance en foi-même. Plus tard,
à l'âge où l'on juge pofitivement de fes forces
& de fon génie, il en était venu à des conjectures
moins fantaftiques. La deftinée qu'il fe prédifait
était celle d'un M. *** produifant peu & fe faifant
payer très-cher. La vérité eft que Baudelaire travaillait lentement & inégalement, repaffant vingt
fois fur les mêmes endroits, fe querellant lui-
même pendant des heures fur un mot, & s'ar-
rêtant au milieu d'une page pour aller, comme
je l'ai dit, *cuire* fa penfée au four de la flânerie
& de la converfation. Il y avait là quelque chofe
d'analogue au phénomène de la machine à prier
des prêtres japonais, qui attachent une prière
écrite à une roue mécanique, & s'en vont fe promener dans la campagne pendant que la machine
fonctionne pour eux & adreffe leurs vœux &
leurs témoignages d'amour à la divinité. Baudelaire, ami du myftère, croyait peut-être à un
phénomène femblable dans les opérations de
l'efprit. Peut-être fuppofait-il que le mécanifme
cérébral peut quelquefois fonctionner utilement
hors du concours de la volonté. Il pouvait ap-
puyer cette opinion de certains phénomènes du

fommeil, d'exemples fouvent cités de favants,
d'orateurs qui ont trouvé ou reçu comme par
magie, en s'éveillant, la folution de difficultés
qui les avaient arrêtés le foir précédent. En
fomme, la flânerie (lenteur, inégalité) était pour
lui une condition de perfection & une néceffité
de nature. Il le prouva furtout par la manière
dont fut conduite cette traduction de Poë, qu'il
prépara pendant quatre ans avant de commencer
le manufcrit. Ces quatre années, il les employa à
confulter, à s'enquérir, à fe perfectionner dans la
connaiffance de la langue anglaife & à entrer
dans une communication de plus en plus intime
avec fon auteur.

La première geftation férieufe fut l'étude fur
Edgar Allan Poë, fa vie & fes œuvres, publiée
dans la *Revue de Paris,* & qui, refondue & rema-
niée d'après de nouveaux renfeignements, a fervi
de préface aux deux féries des *Hiftoires extraordinaires* [1]. Mais c'eft en 1855 que la traduction

---

[1] Pour être tout à fait exact, je dois noter que c'eft en 1848 (*Liberté
de penfer* du 15 juillet) que Baudelaire publia fon premier effai de
traduction : la *Révélation mesmérienne,* précédé d'un en-tête de
deux pages, curieux en ce qu'il y expofe fans feinte fa fameufe théorie

des Contes parut & fe pourfuivit régulièrement dans *le Pays*. Cette année-là, Baudelaire réfolut le dur problème d'écrire un feuilleton par jour. Le feuilleton, il eft vrai, n'avait que fix colonnes, les deux premières pages du *Pays* étant confacrées aux romans originaux, et la troifième feulement aux traduſtions, variétés, &c. La tâche, cependant, n'en était pas moins dure, fi l'on fonge à la différence d'une traduſtion parlée ou rêvée, & d'une traduſtion écrite, & auffi à la ponſtualité exigée par le journal. Baudelaire foutint vaillamment la gageure qu'il avait faite avec lui-même. Pour s'épargner le temps d'ouvrir fa porte, ou l'ennui des malentendus, il laiffait la clef dans la ferrure, & recevait tout en travaillant

---

de l'*étonnement*. J'en citerai quelques lignes : — « On a beaucoup parlé dans ces derniers temps d'Edgar Poë… Avec un volume de nouvelles, cette réputation a traverfé les mers. Il a *étonné, étonné* furtout, plutôt qu'ému & enthoufiafmé. Il en eft ainfi de tous les romanciers qui ne marchent qu'appuyés fur une méthode créée par eux-mêmes, & qui eft la conféquence même de leur tempérament… Tous ces gens, avec une volonté & une bonne foi infatigables, décalquent la nature, la pure nature, laquelle ? la leur. Auffi font-ils généralement bien plus *étonnants* & originaux que les fimples imaginatifs qui font tout à fait indoués d'efprit philofophique & qui entaffent & alignent les événements fans les claffer & fans en expliquer le fens myftérieux. J'ai dit qu'ils étaient *étonnants ;* je dis plus, c'eft qu'ils vifent généralement à l'*étonnant*… »

les vifites de gens quelquefois très-importuns
& très-indifcrets, qu'il ne fe donnait même pas
la peine de congédier, & qui ne fe retiraient que
vaincus par fon filence & fa diftraction, ou agacés
par le bruit de la plume courant fur le papier.
Souvent en l'allant voir le foir, un peu tard, j'ai
trouvé endormi dans un coin le garçon d'imprimerie chargé de rapporter, foit la copie, foit les
épreuves que Baudelaire lui faifait quelquefois
attendre longtemps.

Ce texte imprimé fervit de première épreuve
pour le livre. Chaque colonne de feuilleton, proprement découpée, fut collée au milieu d'une
grande feuille de papier biftré dont les marges
fe couvrirent de corrections. Le *manufcrit* ainfi
préparé, ferré dans un monumental carton vert,
louvoya longtemps dans Paris, faifant efcale
à toutes les librairies, chez Lecou, chez Ha-
chette, &c., & prit terre définitivement rue Vi-
vienne, chez Michel Lévy. Encore, de tirage en
tirage, fubit-il bien des modifications contre lef-
quelles proteftait l'éditeur, mais que l'auteur
accompliffait religieufement fous le feu des récla-
mations.

Comme, en général, tous les poëtes que la

rigueur de la profodie rend attentifs à la moindre altération, Baudelaire mettait un foin exceffif à la correction des épreuves. Une faute d'impreffion le faifait bondir & troublait fon fommeil. Toute épreuve imparfaite était renvoyée à l'imprimerie raturée, foulignée & chargée à la marge d'admoneftations impératives, d'objurgations verbeufes tracées d'une main furibonde & accentuées de points d'exclamation. Il retenait par cœur les noms des ouvriers infcrits en tête des feuillets de copie par les metteurs en page, & les invectivait avec colère dans fa chambre toutes les fois qu'il était mécontent de leur travail. Dans les imprimeries où l'on emploie des femmes à la compofition, Baudelaire avait particulièrement à fouffrir de la légèreté & de l'ignorance de ces équipes femelles. Ces noms de filles & de femmes mêlés à fes imprécations faifaient l'effet le plus comique. « — Ah! cette Anna! — Ah! cette Urfule! — Je reconnais bien là cette infâme Hortenfe! — Cette s... Pulchérie n'en fait jamais d'autres! » &c., &c. Pendant l'impreffion du fecond volume des *Histoires extraordinaires,* il alla fe loger pendant un mois à Corbeil, pour être à portée de l'imprimerie Creté où fe compofait le livre, & dont les ouvriers ont dû garder le fouvenir de ce féjour.

En fomme, ces minuties, cette fureur de remaniement dont gémiffaient les éditeurs, ont profité au livre en lui donnant ce cachet de perfection qui affure la durée.

Nous n'avons pas à apprécier ici les mérites de la traduction de Charles Baudelaire, déformais claffique & indétrônable. L'auteur a réfolu le problème d'être libre & brillant comme l'infpiration, malgré les gênes innombrables de cette tranfpofition d'une langue dans une autre, & d'être gracieux en danfant, comme difait Balzac, avec les fers aux pieds.

Pour moi, en lifant cette profe fi claire, fi fouple, fi agile, j'ai peine à me perfuader que Poë n'ait pas profité en quelque chofe à une telle interprétation; de même qu'on a dit autrefois que Hoffmann avait bénéficié du ftyle élégant de son traducteur, M. Loëwe Weimars. Pour arriver à un tel réfultat, il fallait, outre un talent fupérieur, une rare énergie de fympathie; & cette fympathie, on la retrouve vive & palpitante à chaque page de la traduction de Charles Baudelaire. Quel dévouement à fon *auteur!* Quel éloquent plaidoyer pour le génie malheureux, méconnu, méprisé même, que ces deux préfaces intitulées : *Edgar Poë, ſa Vie & ſes Œuvres, & Notes nouvelles ſur Edgar Poë!* Baudelaire s'était identifié avec ſon modèle au point d'é-pouſer toutes vives ſes amitiés & ſes haines. Et jamais, certainement, Poë lui-même n'eût été plus âpre envers ſes ennemis & ſes détracteurs, plus tendre envers Mss Cleems, ſa bienfaitrice, & Mss Francy Oſgood, ſon amie, que ne l'eſt ſon traducteur dans cette véhémente *oratio pro poëta.*

En naturaliſant Edgar Poë près des lecteurs français, Baudelaire, comme l'a dit un critique-poëte, a ajouté une note au clavier de nos admi-rations — & de nos jouiſſances.

V

LES FLEURS DU MAL

EPENDANT les poéfies, l'œuvre principale de Baudelaire, reſtaient inédites, au moins comme livre, car de nombreux extraits en avaient déjà paru dans les journaux & dans les revues. La publication en avait été ſouvent annoncée ſous des titres divers. D'abord ſur la couverture du *Salon de 1846,* ſous le titre des *Lesbiennes.* Au même endroit ſe trouve annoncé le *Catéchiſme de la Femme aimée,* livre qui n'a jamais été fait, & dont il n'a paru qu'un échantillon dans le *Corſaire-Satan* [1]. En

---

[1] *Maximes conſolantes ſur l'amour.* (*Corſaire-Satan* du 3 juin 1846.)

1850, un journal d'éducation, le *Magafin des Familles,* publia deux pièces : *le Châtiment de l'Orgueil & le Vin des honnêtes gens,* avec cette annonce : — *Ces deux morceaux inédits font tirés d'un livre intitulé* LES LIMBES, *qui paraîtra très-prochainement, & qui eft deftiné à repré-fenter les agitations & les mélancolies de la jeuneffe moderne.*

Le titre de *Fleurs du Mal*, qui fut donné à Baudelaire par un ami, a été pris pour la pre-mière fois en tête d'un long extrait publié dans la *Revue des Deux-Mondes* [1], & accompagné d'une note prudente & timorée qui reffemblait à un défaveu ou à une excufe, & que Baudelaire garda longtemps fur le cœur.

Voici cette note qu'on peut être curieux de relire aujourd'hui :

« En publiant les vers qu'on va lire, nous » croyons montrer une fois de plus combien

---

[1] Numéro du 1er juin 1855. Les pièces inférées, qui toutes fe re-trouvent (moins une) fous le même titre, étaient : — *Au leƌeur — Réverfibilité — Le Tonneau de la haine — Confeffion — L'Aube fpirituelle — La Volupté — Voyage à Cythère — A la belle aux cheveux d'or* (l'Irréparable) — *L'Invitation au voyage — Mœfta & errabunda — La Cloche — L'Ennemi — La Vie antérieure — Le Spleen — Remords pofthumes — Le Guignon — La Béatrice — L'Amour & le crâne.*

» l'efprit qui nous anime eft favorable aux effais,
» aux tentatives dans les fens les plus divers. Ce
» qui nous paraît ici mériter l'intérèt, c'eft l'ex-
» panfion vive & curieufe, même dans fa vio-
» lence, de quelques défaillances, de quelques
» douleurs morales que, fans les partager, ni les
» difcuter, on doit tenir à connaître, comme un
» des fignes de notre temps. Il nous femble d'ail-
» leurs qu'il eft des cas où la publicité n'eft pas
» feulement un encouragement ; où elle peut
» avoir l'influence d'un confeil utile, & appeler
» le vrai talent à fe dégager, à fe fortifier, en élar-
» giffant fes voies, en étendant fon horizon. »

Ainfi donc, en publiant les vers de Baudelaire,
la *Revue des Deux-Mondes* fe flattait de travailler à fon amendement & peut-être à fa péni-
tence. Elle efpérait l'amener à correction, en lui
faifant peur de fa propre image dans le miroir
de fes pages. Quand donc les directeurs de
Revue guériront-ils de cette illufion d'être des
directeurs d'âmes & des profeffeurs de littérature ? Et que penfer encore de cette prétention
de montrer un encouragement dans la publicité
d'une Revue? Qui donc, aujourd'hui qu'il n'eft
plus, peut paffer pour avoir le plus honoré l'autre,

de la *Revue des Deux-Mondes* en publiant les vers de Baudelaire, ou de Baudelaire en donnant fes vers à la *Revue des Deux-Mondes?*

En 1857, un de nos amis fe fit éditeur. Augufte P. Malaffis, élève de l'École des Chartes en 1848, s'était mêlé au monde de la littérature & des journaux, & y avait noué connaiffance avec quelques-uns des écrivains de fon âge : Chennevières, Champfleury, Nadar, & particulièrement avec Baudelaire. La mort de fon père, imprimeur à Alençon, lui fit quitter Paris pour aller prendre la direction des ateliers paternels, vieille maifon quatre fois féculaire, & qui peut montrer des brevets fignés de Marguerite de Valois. Au bout de deux ans, Malaffis, efprit très-actif, commença à trouver trop de loifirs dans la vie de province. Ses preffes, uniquement occupées par le journal du département & par les impreffions de la préfecture, chômaient fix mois de l'année. Il eut l'idée d'employer la morte-faifon à l'impreffion d'ouvrages de fon choix, anciens & modernes, où il pût mettre plus de goût & d'intérêt que n'en comporte la compofition d'un journal de province & d'actes adminiftratifs.

Son coup d'essai, son prospectus fut cette charmante édition des *Odes funambulesques*, — je parle, bien entendu, de l'édition anonyme de 1857, — que les catalogues cotent actuellement au quadruple du prix d'origine, & où l'éditeur fut mettre l'élégance typographique en parfait accord avec le talent du poëte.

En ce temps-là, on s'en souvient, après le hideux carnaval de la librairie à quatre sous, à deux sous, à un franc, un réveil de l'art typographique s'organisait dans les provinces. Perrin à Lyon, Herrissey à Évreux, d'autres encore à Lille & à Strasbourg, publiaient des livres confectionnés avec un goût un peu pédant peut-être, excessif comme toutes les réactions, mais que les amateurs adoptaient & s'habituaient à payer cher. Malassis se plaça à côté d'eux. Sans tomber dans les excès de l'archaïsme & de la typographie calligraphique, il fabriqua pour trois francs, pour quatre francs, pour deux francs, de jolis volumes, solidement imprimés sur bon papier, avec titres en rouge & ornés de fleurons, d'initiales & de culs-de-lampe d'un bon choix. Plus tard, il y joignit des frontispices gravés par Braquemond, qui peut dater de ces premières relations avec Malassis cette réfurrection de l'*eau-forte*, dont il a été le promoteur & dont il a recueilli la gloire. Ces petits livres ont fait leur chemin vers les biblio-thèques foignées. Il y a aujourd'hui des collec-tionneurs d'éditions-Malaffis, qui perdent le fommeil pour une plaquette qui leur manque. C'eft aller bien loin dans le dilettantifme; mais, extravagance à part, on peut dire que ces éditions, fagement & honnêtement conditionnées, étaient bien felon le goût & le befoin du temps où elles parurent, fuffisamment jolies & pas trop chères. On doit regretter auffi que l'éditeur n'ait pas fu allier au fentiment de l'art qu'il avait à un haut degré, un peu de cet efprit pofitif du négociant qui affure la durée des entreprifes. Il faut le regretter pour fa propre fortune & auffi pour les auteurs dont il avait formé fa clientèle, & qui n'oublieront jamais l'effor que pendant un mo-ment il a donné à leurs travaux. Efprit très-lettré & érudit, Aug. Malaffis aimait la littéra-ture & s'y connaiffait (pour fon malheur, diront quelques-uns; pour fon honneur, dis-je). On en peut juger par le catalogue de fes éditions & par la place qui y eft donnée, à la forme fuprême & par excellence, à la pure effence des littératures,

à la poéſie. En ſix ans, de 1857 à 1862, il a
publié : — Les *Odes funambuleſques,* les poéſies
complètes de Théodore de Banville, & les poéſies
complètes de Leconte de Liſle ; les *Poéſies bar-
bares,* du même ; deux éditions des *Fleurs du
Mal ;* les *Émaux & Camées* de Théophile Gautier ; les poéſies complètes de Sainte-Beuve ;
les *Améthystes* de Th. de Banville, & vingt
autres recueils de poéſies de différents auteurs
anciens & modernes ; auxquels s'adjoignent les
Portraits du xviiie ſiècle de Charles Monſelet ;
les *Contes* & les *Lettres ſatiriques & critiques*
d'Hippolyte Babou ; la vie d'*Honoré de Balʒac*
de Théophile Gautier ; les *Paradis artificiels* de
Charles Baudelaire ; les *Eſſais ſur l'Époʒue
actuelle* d'Émile Montégut ; les *Eſquiſſes pa ri-
ſiennes* & la *Mer de Nice* de Théodore de Banville ; les romans illuſtrés de Champfleury ; une
ſuite de mémoires & de documents ſur la Révolution françaiſe ; une Histoire de la preſſe en huit
volumes, &c., &c. Malaſſis ſerait peut-être riche
aujourd'hui s'il avait profité des prix élevés qu'ont
acquis ſes éditions depuis qu'il a ceſſé d'être
libraire.

Les *Fleurs du Mal* ont été publiées au commencement de l'été de 1857. Je retrouve parmi des notes de cette année des épreuves corrigées avec la ponctualité & la véhémence que Baudelaire apportait à cette opération. Malaffis a conservé tout un doffier de ces épreuves, avec la correfpondance à laquelle elles ont donné lieu, & qui ferait curieufe à confulter aujourd'hui. On y verrait quelle importance Baudelaire attachait à l'exécution de fes œuvres; importance proportionnelle aux foins qu'elles lui avaient coûté. Les *Fleurs du Mal* furent reçues dans le public lettré & artifte comme un livre attendu & dont les fragments déjà parus dans les journaux avaient excité une vive curiofité.

En parlant de ce livre, j'éviterais vainement un fouvenir qui s'y attache indiffolublement, celui du procès & de la condamnation qu'il a encourus. Ce procès caufa à Baudelaire un étonnement naïf. Il ne pouvait comprendre, ainfi qu'il l'a écrit plus tard, qu'un ouvrage d'une fi haute fpiritualité pût être l'objet d'une pourfuite judiciaire. Il fe fentit bleffé dans fa dignité de poëte, d'écrivain refpectueux de fon art & de lui-même par cette accufation, dont les termes le confon-

daient avec qui, grands dieux! avec les miſé-
rables agents du vice & de la débauche, avec des
orduriers, des cyniques, avec des propagateurs
d'infamies; car la loi n'a qu'un même mot pour
caractériſer les licences de l'art, les vertueuſes
indignations du poëte, & les méfaits de la cra-
pule éhontée & débordée. Tout cela s'appelle in-
diſtinctement : *attentats aux mœurs!* Oui, ſi
Juvénal & Dante lui-même revenaient au monde,
& Michel-Ange, & Titien, ils iraient s'aſſeoir
ſur les mêmes bancs où comparaiſſent les profa-
nateurs de la jeuneſſe & les colporteurs d'eſtampes
licencieuſes.

En ſortant de cette audience, je demandai à
Baudelaire étourdi de ſa condamnation : — Vous
vous attendiez à être acquitté?

— Acquitté! me dit-il, j'attendais qu'on me
ferait réparation d'honneur !

Pour lui, ce procès ne fut jamais qu'un malentendu. Et nous-même, ſans manquer au reſpect
dù à la magiſtrature & à ſes arrêts, ne pourrions-
nous exprimer notre étonnement de cette aſſimi-
tion d'un excès de littérature à une violence
beſtiale, d'une fantaiſie artiſtique à un trafic
clandeſtin? Dans un tel procès, ne ſemble-t-il pas

que le premier devoir du tribunal dût être de se récufer & d'en référer à un mieux inftruit ? Quoi ! dans un débat commercial, à propos d'une conteftation de prix, ou de falaire, l'expertife ferait de droit ; & on ne l'invoquerait pas pour un délit relevant d'un art dont les juges ignorent les éléments ? Une ftatue eft apportée devant le tribunal : elle eft nue ; & dans nos climats la nudité eft confidérée comme indécente & coupable. Auffi les juges condamnent ou vont-ils condamner. Vient un artifte qui leur démontre que la ftatue eft un chef-d'œuvre ; qu'elle fait honneur au temps & au pays, & que fa place eft dans un mufée public, pour fervir de modèle & d'enfeignement à la jeuneffe ; & la ftatue, tout à l'heure réprouvée, eft portée au Louvre, & fon auteur récompenfé & honoré. Que pourrait penfer un tribunal de la *Vénus couchée* ou de la *Danaë* du Titien ? Que dirait-il de la *Léda* de Michel-Ange, de l'*Antiope* de Corrége, des *Néréides* de Rubens, de l'*Andromède* de Puget ? La loi à la main, il les déclarerait défhonnêtes & puniffables.

De même, dans un poëme, le magiftrat eft frappé d'un mot cru qui le bleffe ; il eft faifi d'une expreffion forte qui fait image à fon efprit ; & il condamne. Que voulez-vous qu'il faſſe? Il entend un infortuné s'écrier : — Dieu n'exiſte pas! Et il conclut que l'auteur eſt un impie. Où eſt le poëte-expert qui lui dira que ce cri n'eſt là que pour exprimer le délire d'un malheureux au déſeſpoir; que telle image eſt admirable, que tel mot choquant eſt bien en ſa place? qui lui expliquera ce que c'eſt que le relief & la couleur dans la phraſe poétique; ce que c'eſt que les priviléges & les droits de l'art; comment il importe à la dignité & à la logique des langues que de certaines *propriétés*, bannies par décence du langage uſuel, soient maintenues & conſervées dans le diſcours écrit, &c., &c., &c.?

Pour Baudelaire, l'expertiſe était toute faite. Les meilleures plumes, les eſprits les plus graves avaient déjà plaidé pour lui. — « Nous le laiſſons ſous la caution du Dante! » avait dit Édouard Thierry en finiſſant ſon admirable feuilleton du *Moniteur univerſel.* D'autres articles, dont le procès commencé ſuſpendit la publication, celui, entre autres, de Barbey d'Aurevilly dans *le Pays*, avaient révélé, en le développant, le vrai ſens du livre & caractériſé le génie du poëte. Ajoutons, pour l'exemple, que M. Paulin Limayrac, alors chargé de la critique littéraire au *Conſtitutionnel,* avait écrit, comme *ab irato,* un manifeſte, où, tout en rendant juſtice au talent, il proteſtait contre les tendances du livre. Mais en apprenant que les *Fleurs du Mal* étaient pourſuivies, M. Limayrac s'était ſouvenu qu'il avait été auteur & poëte, &, très-noblement, avait retiré ſon article.

Baudelaire ne fut pas défendu. Son avocat, homme de talent d'ailleurs, très-intelligent & très-dévoué, s'épuiſa dans la diſcuſſion des mots incriminés, de leur valeur, de leur portée. C'était s'égarer. Sur ce terrain, qui était celui de l'accuſation, on devait être battu. Pour vaincre, il fallait, ce me ſemble, tranſporter la défenſe dans des régions plus élevées. C'était le cas peut-être, ſi l'on me paſſe cette comparaiſon ambitieuſe, de ſe ſouvenir du plaidoyer d'Hypérides, & d'enlever la bienveillance des juges en leur montrant au grand jour la beauté de l'œuvre accuſée.

« Qui donc, aurais-je dit d'abord, eſt cet homme que voici devant vous? Eſt-ce un de ces écrivains ſans conſcience & ſans vergogne, vivant au jour le jour & ſervant le public au gré de ſa fantaiſie & de ſon indiſcrétion? Eſt-ce un étourdi ſe jetant dans le scandale par amour de la publicité ? un impatient de l'obscurité cherchant le succès aux dépens de l'honneur & de la dignité ? Non ; c'est un homme mûri par l'étude & la méditation. Son nom ne se lit qu'en bon endroit ; ses ambitions sont nobles ; ses amitiés sont illustres. Ce n'est ni un pamphlétaire, ni un journaliste, ni un feuilletonnier ; c'est un littérateur, & un littérateur dans la plus noble acception du mot, un poëte.

» Mais, avant tout, c'est un homme du meilleur monde. Le deuil qu'il porte, c'est celui de son beau-père, un officier général qui fut deux fois ambassadeur. Son père, professeur émérite, esprit lettré & artiste, était l'ami de tout ce qu'il y avait de distingué en son temps dans les lettres & dans les arts, & avait rempli des fonctions élevées de l'ordre administratif. Ses antécédents ? C'est d'abord deux livres d'art, deux traités d'esthétique, dont l'un, le second, passe, au sentiment des meilleurs juges, pour un véritable catéchisme de peinture moderne. C'est ensuite une traduction laborieuse & méritoire des œuvres du plus étrange & du plus étonnant génie du Nouveau-Monde, travail admirable, unique peut-être, qui a conquis l'approbation des deux nations, & où l'interprète a peut-être dépaſſé l'original. Sur le mérite de cet ouvrage, je pourrais citer témoignages ſur témoignages ; j'en ai les mains pleines ; je n'en citerai qu'un ſeul, celui d'un journal anglais, qui dernièrement diſait qu'Edgar Poë était heureux d'avoir trouvé à ſon ſervice à la fois la ſcience d'un linguiſte & l'enthouſiaſme d'un poëte. Voilà par quels travaux mon client a préparé l'avénement de ce livre qu'on voudrait vous faire trouver coupable. Voilà les garants que nous avons de la nobleſſe de ſon eſprit & de ſon amour pour les belles études. »

Puis, paſſant au livre lui-même, j'aurais dit : — « A quoi bon éplucher un recueil de poëmes comme un pamphlet ou une brochure politique ? Sommes-nous compétents, d'ailleurs ? Avons-nous qualité pour décider de la valeur d'une œuvre dont les mérites nous échappent ? Qui ſait ſi un poëte émérite ne nous montrerait pas des beautés là où nous trouvons des délits ? Ce que je ſais, c'eſt que ce livre m'a ému, qu'il m'a tranſporté hors de moi-même dans des régions ſereines & lumineuſes où mon eſprit n'était jamais monté ; c'eſt que ces peintures, nettes

& franches, cruelles même parfois, m'ont fait rougir des vices de mon temps, fans me faire jamais détefter les coupables, car une pitié profonde circule à travers ces pages indignées d'un fatirifte humain & charitable. »

Et là-deffus j'aurais ouvert le livre ; & avec l'émotion du fouvenir & de l'admiration reconnaiffante, j'aurais récité, par exemple, les belles ftances qui finiffent la pièce intitulée : *Bénédiction,* & qui font un hymne fi éloquent à la souffrance & à la réfignation du poëte :

Vers le ciel où fon œil voit un trône fplendide,
Le poëte ferein lève fes bras pieux,
Et les vaftes éclairs de fon efprit lucide
Lui dérobent l'afpect des peuples furieux.

Soyez béni, mon Dieu, qui donnez la fouffrance
Comme un divin remède à nos impuretés,
Et comme la meilleure & la plus pure effence
Qui prépare les forts aux faintes voluptés !

Je fais que vous gardez une place au poëte
Dans les rangs bienheureux des faintes Légions,
Et que vous l'invitez à l'éternelle fête
Des Trônes, des Vertus, des Dominations.

Je fais que la douleur eft la nobleffe unique
Où ne mordront jamais la terre & les enfers ;
Et qu'il faut, pour treffer ma couronne myftique,
Impofer tous les temps & tous les univers.

> Mais les bijoux perdus de l'antique Palmyre,
> Les métaux inconnus, les perles de la mer,
> Montés par votre main, ne pourraient pas suffire
> A ce beau diadème éblouiffant & clair.
>
> Car il ne fera fait que de pure lumière,
> Puifée au foyer saint des rayons primitifs,
> Et dont les yeux mortels, dans leur fplendeur entière,
> Ne font que des miroirs obfcurcis & plaintifs.

J'aurais lu encore cet admirable fonnet, *l'En-nemi,* qui eft comme le teftament même du poëte; j'aurais lu ce final fulgurant & tumul-tueux, — un final à la Beethowen — des *Femmes damnées (defcendez, defcendez, lamentables vic-times).*

J'aurais lu ces pièces où palpite la fympathie pour les infortunés & les humbles, *l'Ame du Vin, la Mort des pauvres.* Puis, pofant le livre, j'aurais dit : « — Eft-ce affez beau? Eft-ce affez beau, M. le procureur impérial? Et vous qui réclamez contre nous un « avertiffement, » que ne pouvez-vous avertir tous les poëtes de l'em-pire d'avoir à nous donner fouvent de pareils vers! »

« Et prenez garde, aurais-je ajouté. Ce règne fans doute eft un grand règne. Il a l'éclat, il a la force; il a l'ambition de toutes les gloires. Il en eſt une cependant qui juſqu'ici lui réſiſte, celle qui perpétue les autres & dore d'un rayon durable le règne d'un Louis XIV & le règne d'un François Ier. Celle-là, c'eſt le poëte qui la donne. Ne découragez donc pas les poëtes. Vous en tenez un ; gardez-vous de l'humilier. »

C'eſt ainſi que j'aurais parlé, fort de ma conſcience et aſſuré du conſentement de tous. Et ſi, par ces franches paroles, je n'avais pas emporté l'acquittement de mon client, j'aurais eu du moins la ſatiſfaction de le défendre ſur ſon terrain & ſans le faire deſcendre de ſon rang.

J'ai dit que Baudelaire n'avait pas été défendu : il l'a été cependant. Sa meilleure défenſe fut la contenance embarraſſée du miniſtère public. En apprenant le nom du magiſtrat diſtingué qui devait ſoutenir l'accuſation, les amis de Baudelaire avaient pris confiance. Le ſouvenir récent d'un procès fameux, où le jeune ſubſtitut s'était élevé très-haut, leur faiſait eſpérer qu'ayant affaire à un poëte, il ſe départirait des minuties de l'enquête & de la roideur du réquiſitoire. On s'attendait à le voir planer & ſe maintenir à la hauteur d'un procès poétique. En l'entendant, il nous fallut rabattre un peu de cet eſpoir. Au lieu de généraliser la cause & de s'en tenir à des considérations de haute morale, M. P*** s'acharna sur des mots, sur des images; il proposa des équivoques, des sens mystérieux auxquels l'auteur n'avait pas songé, atténuant ses sévérités par des protestations d'indulgence naïve : — « Mon Dieu ! *je ne demande pas la tête* de M. Baudelaire ! je demande *un avertissement* seulement.... »

Un avertissement ? Et n'était-ce pas le plus dur qu'on pût trouver que cette comparution sur ces bancs infâmes où s'étaient assis avant lui des malfaiteurs, des filous, des filles publiques, des marchands de photographies obscènes ? Quoi ! Il était là ce poëte, cet honnête homme, essuyant avec son habit cette poussière immonde! & ce n'était pas assez pour vous ?

On se rappelle quelle fut l'issue du procès. On écarta le grief d'outrage à la morale religieuse, & *six* pièces furent retranchées de ce volume qui en contenait cent. Un illustre académicien, fort attentif au débat, faisait remarquer au condamné les termes du considérant : — *Attendu que si le poëte....* « — Notez bien ce mot, disait-il. Point d'accusé ; *le poëte!*.... le poëte! Tout est là ! »

Il triomphait de cette nuance. Baudelaire,

lui, ne triomphait pas du tout. Pourtant, il ne fit point appel. Peut-être, après cette première épreuve, n'efpérait-il pas un fuccès plus heureux devant une autre juridiction ; & peut-être fentait-il que la juftice fe dégagerait d'autant moins envers lui qu'elle manquait des lumières néceffaires pour le bien juger.

J'ai déjà dit quelles étaient fes impreffions en sortant de l'audience. Ce procès lui refta fur le cœur comme un affront.

Lorfque, plus tard, après le fuccès de la feconde édition du livre, l'éditeur en voulut donner une troifième, plus ornée & faite à plus grands frais que les précédentes [1], Baudelaire eut la tentation de s'expliquer devant le public. On a retrouvé dans fes cartons trois projets de préface, ébauchés dans des tons différents. Tous trois accufent la laffitude, le dégoût de critiques injuftes, un abandon de foi-même & de tout, qui fait peine, fi l'on fonge que fans doute le mal envahiffant y avait part ; car ces courtes ébauches, incomplètes

---

[1] Il devait y avoir un frontifpice, des têtes de pages, des culs-de-lampe, &c., deffinés par Braquemont & hiftoriés de devifes latines compofées par Baudelaire lui-même. Les deffins ont été faits ; ils exiftent & n'ont point fervi.

& inconféquentes nous sont revenues de Bruxelles.
« S'il y a, » eft-il dit, « quelque gloire à n'être
» pas compris, ou à ne l'être que très-peu, l'au-
» teur de ce petit livre peut fe vanter de l'avoir
» acquife & méritée d'un feul coup. Offert plu-
» fieurs fois à divers éditeurs qui le repouffèrent
» avec horreur, pourfuivi & mutilé en 1857 par
» fuite *d'un malentendu fort bizarre,* lentement
» rajeuni (?), accru & fortifié pendant quelques
» années de filence, difparu de nouveau grâce à
» mon infouciance, ce produit de la *Mufe des*
» *derniers jours,* encore avivé par quelques nou-
» velles touches violentes, ofe affronter encore
» aujourd'hui, pour la troifième fois, le foleil de la
» fottife.... « Ce livre reftera fur toute votre vie
» comme une tache, » me prédifait dès le com-
» mencement un de mes amis. En effet, toutes
» mes méfaventures lui ont jufqu'à préfent donné
» raifon. Mais j'ai un de ces heureux caractères
» qui tirent une jouiffance de la haine & qui fe
» glorifient dans le mépris. Mon goût diaboli-
» quement paffionné de la bêtife me fait trouver
» des plaifirs particuliers dans les traveftiffements
» de la calomnie. Chafte comme le papier, fobre
» comme l'eau, porté à la dévotion comme une

» communiante, inoffenfif comme une victime, *il*
» *ne me déplairait pas de paffer pour un débau-*
» *ché, un ivrogne, un impie & un affaffin.* » Ces
derniers mots donnent la clef des inconféquences
dont s'indignaient les fimples, & qui n'étaient
que forfanteries & myftifications.

Ce qui lui tenait le plus au cœur, c'était le
« malentendu » qui lui avait fait attribuer par
bon nombre de gens les vices & les crimes qu'il
avait dépeints ou analyfés. Autant vaudrait accu-
fer de régicide un peintre qui aurait repréfenté la
mort de Céfar. N'ai-je pas entendu moi-même un
brave homme porter férieufement au décompte
des mérites de Baudelaire le fait d'avoir maltraité
un pauvre vitrier qui n'avait pas de verres de
couleur à lui vendre? Le naïf lecteur de journaux avait pris au pofitif la fable du Vitrier dans
les *Poëmes en profe!* Combien d'autres ont tout
auffi logiquement accufé l'auteur des *Fleurs du
mal* de férocité, de blafphème, de dépravation &
d'hypocrifie religieufe! Ces accufations, qui l'amu-
faient lorfqu'elles lui étaient jetées directement
dans la difcuffion par un adverfaire irrité & dupe
de fes artifices de rhétorique, avaient fini par le
laffer, lorfqu'il s'était vu compofer une légende

d'abomination. Il avait été choqué, lors du procès, de trouver fi peu d'intelligence ou de bonne
foi chez de certains juges de la preffe, les uns
myopes, les autres tartufes de vertu. Auffi, dans
les trois ébauches dont nous parlons, le projet de
fe difculper eft-il auffitôt retiré qu'annoncé.
« Peut-être, dit-il, le ferai-je un jour pour quelques-uns & à une dizaine d'exemplaires. » Et encore ce projet ainfi amendé & reftreint dans fon
exécution lui paraît-il bientôt fuperflu. « A quoi
bon?.... Puifque ceux dont l'opinion m'importe
m'ont déjà compris, & que les autres ne com-
prendront jamais? »

Ce qu'on peut regretter le plus de ce projet
abandonné, c'eft l'expofition que Baudelaire avait
voulu faire de fa méthode & de fa doctrine poétiques. Cette partie, dont le développemen ût été
fi intéreffant, gît à l'état de fommaire ou d'enoncé,
en quelques lignes, sur un fimple feuillet de papier :

Comment la poéfie touche à la mufique par une profodie dont les
racines plongent plus avant dans l'âme humaine que ne l'indique
aucune théorie claffique ;

Que la poéfie françaife poffède, comme les langues latine & anglaife, une profodie myftérieufe — & méconnue ;

Pourquoi tout poëte qui ne fait pas au jufte combien chaque mot comporte de rimes, eft incapable d'exprimer une idée quelconque;

Que la phrafe poétique peut imiter (& par là elle touche à l'art mufical & à la fcience mathématique) la ligne horizontale, la ligne droite afcendante, la ligne droite defcendante; qu'elle peut monter à pic vers le ciel fans s'effouffler, ou defcendre perpendiculairement vers l'enfer avec la vélocité de toute pefanteur; qu'elle peut fuivre la fpirale, décrire la parabole, ou le zig-zag, en figurant une férie d'angles fuperpofés;

Que la poéfie fe rattache aux arts de la peinture, de la cuifine & du cofmétique par la poffibilité d'exprimer toute fenfation de fuavité ou d'amertume, de béatitude ou d'horreur, par l'accouplement de tel fubftantif avec tel adjectif analogue ou contraire.

Ici revient, comme application de fes principes, la prétention d'enfeigner à tous venants, & en *vingt leçons*, l'art d'écrire convenablement une tragédie ou un poëme épique.

« Je me propofe, ajoute Baudelaire, pour vérifier de nouveau l'excellence de ma méthode, de l'appliquer prochainement à la célébration des jouiffances de la dévotion & des ivreffes de la gloire militaire, *bien que je ne les aie jamais connues* [1].... »

---

[1] « Tâche difficile, écrit-il ailleurs, que de s'élever vers cette infenfibilité divine! car, moi-même, malgré les plus louables efforts, je n'ai fu réfifter au défir de plaire à mes contemporains, ainfi que l'atteftent en quelques endroits, appofées comme un fard, certaines baffes flatteries adreffées à la démocratie; j'avais mis même quelques ordures pour me faire pardonner la trifteffe de mon fujet. Mais meffieurs les journaliftes s'étant montrés ingrats envers ces careffes, j'en ai fupprimé la trace, autant qu'il m'a été poffible, dans cette nouvelle édition. »

Eſſaierons-nous à notre tour cette juſtification à laquelle Baudelaire avait renoncé par fatigue & par ennui?

Aſſurément ce n'eſt pas le courage qui nous manquerait, & les éléments ne nous feraient pas défaut. Si nous ne l'entreprenons point, c'eſt qu'il nous ſemble que ce n'en eſt plus la peine. Les *Fleurs du mal* ont gagné leur procès en appel au tribunal de la littérature & de l'opinion publique. Les magnifiques plaidoyers de Théophile Gautier, les approbations, tant publiques que particulières, des maîtres de la poésie contemporaine, de Victor Hugo, de Sainte-Beuve, d'Émile Deſchamps, &c., &c., ont effacé jusqu'au ſouvenir de ce « malentendu, » dont notre ami avait été ſi vivement choqué. Reſte le livre, déſormais ſerein & inattaquable, & dont les bleſſures ont été richement réparées par de nouvelles pouſſes. Livre, ſinon claſſique, du moins claſſé, les *Fleurs du mal* n'ont plus beſoin d'être défendues.

VI

DERNIÈRES ANNÉES A PARIS

Lorsque parut la feconde édition des *Fleurs du mal*, on peut dire que Baudelaire était en pleine poffeffion de la renommée. Les critiques amères & injuftes, dont le livre avait été l'objet, lors de fa première apparition, s'étaient tues à ce fecond avénement. L'auteur & l'œuvre avaient profité à ces premières attaques qui confolident le fuccès par la réfiftance. Ceux qui ont vu Baudelaire à ce moment de fa vie, fouriant, frais, jeune encore fous fes longs cheveux blanchiffants, ont pu reconnaître en lui l'action falutaire & calmante du temps & de la faveur conquife. Les inimitiés délarmaient ; des fympathies nouvelles, jeunes, venaient à lui. Lorfqu'à la fin de la journée, il defcendait fur le boulevard, il trouvait fur fon paffage toutes les mains ouvertes, & il les ferrait toutes, mefurant fon exquife politeffe fur le degré d'habitude , ou de familiarité. Sous cette impreffion de bienveillance générale, les âpretés, les méfiances de fa jeuneffe avaient difparu. Il était devenu plusqu'indulgent, débonnaire, patient à la fottife & à la contradiction. Chacun trouvait en lui un caufeur charmant, commode, fuggeftif, bon vivant, inoffenfif pour tous, paternel & de bon confeil pour les jeunes. Les ouvrages qu'il publia de l'une à l'autre édition des *Fleurs du mal*, & après la feconde, les *Paradis artificiels*, le *Salon de 1859*, la Notice fur Théophile Gautier, les *Caricaturiftes français & étrangers*, les troifième & quatrième volumes de la traduction des œuvres d'Edgar Poë, *Aventures de Gordon Pym & Eureka*, l'étude fur Conftantin Guys & l'étude fur Delacroix, enfin les *Poëmes en profe*, œuvre originale, commencée à l'imitation ou mieux à l'émulation des *Fantaifies* de Louis Bertrand, mais à laquelle le génie particulier de l'émule enleva bientôt tout caractère d'imitation, tous ces ouvrages, aufli variés que nombreux, fortifièrent le fuccès du poëte & engraiffèrent fon laurier. Je ne faurais laiffer paffer fans mention fpéciale le *Salon de 1859,* qui fut peu remarqué à caufe du peu de publicité du recueil, d'ailleurs très-eftimable, où il parut. Ce travail, plus développé que les autres œuvres du même genre publiées par Baudelaire (il a foixante pages de Revue, d'un texte compacte), eft écrit avec une maturité, une férénité parfaites. C'eft comme le dernier mot, l'expreffion fuprême des idées d'un poëte & d'un littérateur fur l'art contemporain; c'eft le bilan des enthoufiafmes, des illufions & auffi des déceptions que nous ont caufés à tous, les artiftes dont nous nous fommes tour à tour épris & détachés. L'auteur a mêlé à fes jugements des biographies, des anecdotes, des rêveries poétiques et philofophiques, qui font l'office & l'effet des intermèdes de musique dans une comédie. Au ton dont il parle de fes jufticiables, fculpteurs, peintres, graveurs, deffinateurs, on fent qu'il les a aimés & qu'il s'eft affocié à leur deftinée et à leurs efforts. Je note une page faififfante fur l'infortuné Méryon, dont le talent myftérieux & pathétique allait à l'âme de Baudelaire; plus loin une recommandation

5.

chaleureufe & infiftante pour un jeune peintre de marines, qu'il avait connu au Havre, M. Boudin. Il eft pris de repentirs à l'endroit de tels peintres qu'il avait fort malmenés dans fa jeuneffe; & en même temps il réclame contre l'ingratitude du public envers des artiftes bruyamment applaudis il y a trente ans, & depuis lors mis en oubli. C'eft une hiftoire, & c'eft une confeffion. Je ne crois pas que nulle part ailleurs on ait parlé plus complétement, avec une éloquence plus ingénieufe & plus de fympathie des campagnes de l'art contemporain.

Ainfi, il s'acheminait vers cette vie de repos, ordonnée & calme, à laquelle il afpirait depuis longtemps. La petite maifon de fa mère à Honfleur & fon jardin de fleurs fufpendu au bord de la Manche lui apparaiffaient comme le nid, comme la retraite prédeftinée. Il y expédiait peu à peu les collections de deffins & d'eftampes, les tableaux, les livres dont il faifait acquifition dans fes promenades, ou qu'il recevait en préfent de fes amis. Selon fon projet, fa vie devait fe partager entre ces deux féjours : il irait fe repofer de l'agitation de Paris en face d'un horizon immuable, au bruit cadencé de l'Océan, de cette mer

qu'il avait tant aimée & tant chantée. Il travail-
lerait là régulièrement, fans trouble, à loifir ;
puis, las de folitude & d'infini, il reviendrait
chercher la diftraction & l'excitation néceffaires
pour remettre fon efprit en haleine. Il réglerait
ici fes affaires avec les éditeurs & les journaux,
ferait fes recettes, paierait fes créanciers ; il rever-
rait le Louvre, les boulevards, les théâtres, vifi-
terait fes amis, &, fa curiofité amufée, fes oreilles
repues, il retournerait dans fon ermitage. Le
plan n'était pas feulement admirable ; il était fage
& pratique.

Hélas ! comme le dit Théophile Gautier aux
dernières pages de fa biographie d'Honoré de
Balzac : « C'était trop beau ! » Baudelaire auffi
devait juftifier la fuperftition des mufulmans, qui
redoutent, comme un avant-coureur de calamités,
la plénitude du bonheur.

VII

BRUXELLES

Au mois d'avril 1864, Baudelaire partit pour la Belgique. Il avait entendu parler de grands fuccès obtenus à Bruxelles par les littérateurs français en faifant des lectures & des conférences publiques. Là-deffus il avait rêvé les magnifiques profits réalifés en Angleterre & en Amérique par Dickens, par Thakeray, par Longfellow, & par Edgar Poë même, revenus riches après une tournée employée à exploiter de ville en ville un même livre ou une même leçon. Il comptait auffi entrer en relation avec une importante maifon de librairie pour une édition définitive de fes œuvres. Ni l'un ni l'autre projet

ne réuffirent felon fon efpoir. Il donna en effet
quelques féances au Cercle des Arts, puis dans un
falon particulier. Les lectures qu'il fit au Cercle,
de la Biographie de Théophile Gautier, de fes
articles fur Delacroix, & de diverfes pièces des
Fleurs du Mal, eurent un fuccès honorable,
mais peu fructueux. Baudelaire s'était trompé
fur les réfultats de fa tentative, en confondant
l'efprit & les habitudes de peuples très-différents.
Eft-ce parce qu'il fentit la partie perdue, qu'à
l'ouverture d'une des féances fuivantes il com-
promit fon fuccès littéraire par une de ces facéties
qu'il ne favait pas retenir & qui lui fut infpirée
peut-être par la tenue févère & guindée de fon
auditoire?

Quant à l'éditeur, il fit la fourde oreille & fe
comporta même, nous dit-on, affez légèrement.

En apprenant ces déconvenues, les amis de
Baudelaire efpérèrent fon retour. Il leur manquait en effet; il manquait à Paris, au Paris
intelligent & caufant, auquel fa converfation
fubftantielle & fon efprit actif faifaient vraiment
faute. On vit avec étonnement fon abfence fe
prolonger fans raifon apparente. Aux follicita-

tions qu'on lui adreffa, il répondit qu'il préparait un ouvrage fur, ou plutôt contre la Belgique, qu'il avait prife en horreur après un mois de féjour. D'un autre côté, quelques-uns de nos amis qui le vifitèrent à Bruxelles rapportèrent qu'il ne faifait rien. Il fe provincialifait, difaient-ils, & tombait dans le rabâchage & dans l'oifiveté. En fait, pendant ces deux années de féjour en Belgique, Baudelaire ne publia guère qu'un volume, le cinquième & dernier tome de la traduction d'Edgar Poë, *Hiftoires grotefques & férieufes* (1864), & plus tard, vers la fin (1866), les *Nouvelles Fleurs du Mal,* livraifon du *Parnaffe contemporain,* où les pièces déjà imprimées font en grande majorité fur les inédites. On ne doit compter que pour mémoire *les Épaves,* publication fubreptice que Baudelaire n'avouait pas & à laquelle il ne confentit que par condefcendance au défir d'un ami.

Après plufieurs mois d'attente, nous commençâmes à foupçonner que Baudelaire pourrait bien être retenu à Bruxelles pour quelque motif extra-littéraire.

On tenta, pour le décider à revenir, l'effet d'une propofition collective. Baudelaire refufa.

« Son ouvrage avançait ; il recueillait fes notes. »
Des notes, c'eft en effet tout ce qu'on a trouvé de
cet ouvrage myftérieux dont le titre était encore
à chercher [1]. Ces notes, inimprimables à caufe
de leur concifion rudimentaire & de la fréquente
crudité d'expreffion, font curieufes & telles qu'on
les pouvait attendre d'un efprit auffi aiguifé par
l'habitude de l'obfervation. Elles font claffées en
trente-trois liaffes ou layettes fous des titres fpé-
ciaux & avec des fommaires détaillés qui égalent
prefque en étendue la totalité des notes [2]. Du

---

[1] On lit à la première page du manufcrit une lifte de titres à choifir :
— *Pauvre Belgique!* — *la grotefque Belgique* — *la Belgique toute
nue,* — *la Belgique défhabillée* — *une Capitale pour rire* — *la
Capitale des finges* — *une Capitale de finges,* &c., &c.

[2] Nous tranfcrirons ici les titres ; quant aux fommaires, ils feraient
trente pages de texte.

1. Début. — 2. Phyfionomie de la rue. — 3. La vie — cuifine, boif-
fons, tabac. — 4. Les Femmes & l'Amour. — 5. Mœurs, Moralité. —
6. Converfations. — 7. Efprit de petite ville, cancans. — 8. Obéif-
fance, conformité. — 9. *Les Efpions* — impoliteffe, groffièreté. —
10. Adminiftrations, lenteur, pareffe. — 11. Commerce, efprit com-
merçant. — 12. Préjugé de la propreté belge. — 13. Divertiffement.
— 14. Enfeignement. — 15. La langue françaife en Belgique. —
16. Journaliftes, littérateurs. — 17. Impiété belge. — 18. Prêtropho-
bie, irréligion. — 19. Politique. — 20. L'ANNEXION. — 21. L'Armée.
— 22. Le roi Léopold, fon portrait, fa mort, le deuil. — 23. Beaux-
Arts. — 24. Architecture, églifes, culte. — 25. Le Payfage. — 26,
27, 28, 29. Promenades, Malines, Anvers, Namur. — 30. Liége. —
31. Gand. — 32. Bruges. — 33. Épilogue, confeils aux Français.

Documents non claffés : — Journaux, affiches, &c. (trois liaffes).

reſte, nulle rédaction; les phraſes ſont preſque partout à l'infinitif ou à l'indicatif précédé du *que* : « — *Que* la Belgique... &c. » La haine de Baudelaire pour la Belgique, ou plutôt pour les Belges, était arrivée peu à peu à l'exaſpération ; & certes les mécomptes des premiers jours n'entraient pour rien dans cette averſion.

Ce n'eſt pas qu'il ne comptât quelques amis à Bruxelles; mais l'humeur, les mœurs de la population le bleſſaient juſqu'au vif. Il était ſurtout choqué de retrouver dans les habitudes & dans les opinions une caricature groſſière de la France, nos défauts pouſſés à l'exagération ſans la compenſation de nos qualités : amour ſans galanterie, familiarité ſans politeſſe, impertinence ſans eſprit, impiété ſans élégance, vanterie ſans légèreté, propreté paradoxale [1]. Tout, juſqu'aux viſages, juſqu'à la démarche, lui déplaiſait. Le régime de table, dont il ſe plaint beaucoup (viandes bouillies, pain fade, pas de ragoûts, ni de légumes, ni de fruits, le faro remplaçant le vin dans tous les reſtaurants), ne valait rien pour lui, & a peut-être été pour quelque choſe dans ſa

---

[1] « Tout eſt propre ici, écrit-il, excepté l'homme & la femme. »

maladie. Il y aurait fans doute plus d'une obfervation fine & profonde à relever dans les pages où
il explique les caufes de la faveur européenne du
gouvernement & de la nation belges, « enfants
gâtés des gazettes »; où il examine, en la con-
teftant, la fageffe proverbiale du roi Léopold Ier,
où il traite la queftion de l'annexion, &c., &c.
Néanmoins, je doute, à caufe de la négligence
& de la brutalité de la rédaction, qu'on pût
rien tirer de ce manufcrit que de rares & courts
extraits.

.

Dans l'été de 1865, Baudelaire traverfa Paris,
pour quelque affaire, & me fit cet extrême plaifir
de venir me voir. Malgré les bruits alarmants
fur fa fanté, qui avaient déjà couru, je ne le
trouvai point changé. Peut-être un peu groffi,
ou plutôt alourdi, ce qui pouvait être l'effet du
régime du pays, il avait du refte bonne preftance;
il était gai & jafeur. L'œil était clair, & la parole
libre & fonore. Il accufa pourtant quelques déran-
gements au commencement de la faifon : étour-
diffements, douleurs de tête; mais comme il ne
parlait qu'au paffé & que, d'ailleurs, il me parut

en bon point, je le crus guéri, & je mis les alarmes fur le compte des peffimiftes. Nous paflàmes toute une demi-journée enfemble avec Th. de Banville, fon plus ancien ami. J'épuifai ma logique à lui perfuader de ne pas repartir. Mais il réfifta. Il lui fallait, me dit-il, abfolument retourner à Bruxelles, ne fût-çe que pour aller chercher fes papiers qu'il y avait laiffés; & puis, le plan de fon livre s'était agrandi : il voulait ajouter à fes notes fur Bruxelles des renfeignements fur les principales villes belges, Anvers, Malines, Gand, Bruges, Liége, Namur. Je lui rapportai, pour le piquer de viteffe, ces mots que m'avait dit un jour Théophile Gautier : « Ce Baudelaire eft étonnant ! Conçoit-on cette manie de s'éternifer dans un pays où l'on souffre ? Moi, quand je fuis allé en Efpagne, à Venife, à Conftantinople, je favais que je m'y plairais & qu'au retour je ferais un beau livre. Lui, Baudelaire, il refte à Bruxelles, où il s'ennuie, pour le plaifir de dire qu'il s'y eft ennuyé ! »

Il rit, & me dit adieu, m'affurant que fon retour ne pouvait pas tarder de plus de deux mois.

Ce jour est le dernier où les amis de Baudelaire l'aient poffédé tout entier, parlant & agif-
fant. Au commencement de l'année fuivante, les
bruits alarmants circulèrent de nouveau, plus
précis & plus fignificatifs. J'écrivis à Baudelaire
pour lui reprocher de laiffer fes amis dans l'in-
quiétude, le priant de m'envoyer, foit une con-
fultation écrite de fon médecin, foit une defcrip-
tion détaillée de fon état & des traitements qu'on
lui faifait fuivre, d'après laquelle je puffe confulter un médecin de Paris.

Le 5 février il me répondit :

« .... Ce n'eft pas chofe facile pour moi que
» d'écrire. Si vous avez quelque bon confeil à
» me donner, vous me ferez plaifir. A proprement
» parler, depuis vingt mois j'ai été prefque tou-
» jours malade... En février de l'année dernière,
» violente névralgie à la tête, ou rhumatifme
» aigu, lancinant; quinze jours à peu près. Peut-
» être eft-ce autre chofe ? Retour de la même
» affection en décembre. — En janvier, autre
» aventure : un foir, à jeun, je me mets à rouler
» & à faire des culbutes comme un homme ivre,
» m'accrochant aux meubles & les entraînant

» avec moi. Vomiſſements de bile ou d'écume
» blanche. Voilà invariablement la gradation :
» je me porte parfaitement bien , je ſuis à jeun,
» & tout à coup, ſans préparation ni cauſe appa-
» rente, je ſens du vague, de la diſtraction, de la
» ſtupeur; & puis une douleur atroce à la tête. Il
» faut abſolument que je tombe, à moins que je
» ne ſois en ce moment-là couché ſur le dos. —
» Enſuite ſueur froide, vomiſſements, longue
» ſtupeur. Pour les névralgies, on m'avait fait
» prendre des pilules compoſées de quinine, de
» digitale, de belladone & de morphine. Puis
» application d'eau ſédative & de térébenthine,
» très-inutile d'ailleurs, à ce que je crois. Pour
» les vertiges, eau de Vichy, valériane, éther,
» eau de Pullna. — Le mal a perſiſté. Mainte-
» nant des pilules dans la compoſition deſquelles
» je me ſouviens qu'il entre de la valériane, ou
» de l'oxyde de zinc, de l'aſſa fœtida, &c., &c. C'eſt
» donc de l'anti-ſpaſmodique? — Le mal perſiſte.
» Et le médecin a prononcé le grand mot : hyſ-
» térie. En bon français : je jette ma langue aux
» chiens. Il veut que je me promène beaucoup,
» beaucoup. C'eſt abſurde. Outre que je ſuis de-
» venu d'une timidité & d'une maladreſſe qui me

» rendent la rue infupportable, il n'y a pas moyen
» de fe promener ici, à caufe de l'état des rues
» & des routes, furtout par ce temps. Je cède
» pour la première fois au défir de me plaindre.
» Connaiffez-vous ce genre d'infirmité? Avez-
» vous déjà vu ça ?...

    » Merci encore une fois pour votre bonne
» lettre. Donnez-moi la diftraction d'une réponfe.
» Serrement de main à Banville, à Manet, à
» Champfleury, fi vous les voyez.

» CHARLES BAUDELAIRE. »

    Je portai cette lettre à l'excellent docteur Pio-
gey, notre médecin, notre ami et notre confeiller
à tous, qui connaiffait depuis longtemps Baudelaire & l'avait plus d'une fois foigné. Il me con-
fola médiocrement, trouva les fymptômes très-
graves, & refufa de fe prononcer avant d'avoir vu
le malade.

    Deux mois plus tard (1er avril), notre ami Ma-
laffis, qui a été à Bruxelles l'hôte & le compagnon
dévoué de Baudelaire, m'écrivait que le mal, qui
couvait depuis fi longtemps s'était tout à coup

déclaré avec violence. Foudroyé de plufieurs attaques d'apoplexie confécutives, Baudelaire avait perdu l'ufage de la parole et s'était trouvé paralyfé de tout le côté droit. Il était hémiplégique & aphafique. Tranfporté dans une maifon de fanté, il en fortit quinze jours après, le 19 avril, lorfque fa mère, Mme Aupick, fut arrivée à Bruxelles. On conferva quelque temps l'efpoir de le ramener à Honfleur; mais bientôt les reffources d'une petite ville furent reconnues infuffifantes pour fon état. On décida de l'amener à Paris. Il y arriva dans les premiers jours de juillet, accompagné de fa mère & de M. A. Stevens, qui s'était obligeamment offert pour cette conduite. J'allai l'attendre au débarcadère du chemin de fer, plein d'anxiété & même d'effroi. Des bruits contradictoires s'étaient répandus au fujet de la maladie de Baudelaire. On avait parlé de folie à caufe de quelques violences que n'expliquait que trop l'impoffibilité où il était de fe faire comprendre. Lorfque je le vis s'avancer foutenu par M. Stevens, s'appuyant du bras *gauche* & portant fa canne amarrée au bouton de fon habit, j'eus le cœur ferré & les larmes me montèrent aux yeux. En m'apercevant, il pouffa un éclat de rire,

long, fonore, perfiftant, qui me glaça. Était-il fou,
en effet ? Je n'avais pas paffé un quart d'heure
avec lui que j'étais complétement raffuré... hélas !
fur ce point. J'acquis la conviction que Baudelaire n'avait jamais été, trifte avantage pour lui
fans doute, ni plus lucide, ni plus fubtil. En le
voyant prêter l'oreille, tout en faifant fa toilette,
aux converfations qui fe tenaient à voix baffe à
deux pas de lui & n'en pas perdre un mot, ce que
je pus comprendre aux fignes d'improbation ou
d'impatience qu'il manifeftait, échanger des fou-
rires avec moi, lever les épaules, hocher de la tête,
donner, en un mot, des marques de l'attention la
plus foutenue & de l'intelligence la plus nette, je
ne doutai pas que la partie que le mal avait ref-
pectée en lui ne fût parfaitement faine & active
& que fon efprit ne fût auffi libre & auffi agile
que je l'avais vu l'année précédente. Le fait fut
d'ailleurs conftaté par les médecins qui le vifitèrent, les jours fuivants, MM. Piogey, Laffégue
& Blanche. À Bruxelles déjà, malgré des affirma-
tions contraires, produites par des perfonnes qui
ne connaiffaient Baudelaire que légèrement &
depuis peu de temps, cette intégrité de l'intelligence avait été reconnue par l'homme qui l'a le

plus aſſidûment veillé et obſervé, par Malaſſis. —
« La gravité de ſa maladie, m'écrivait-il, me paraît être entièrement dans l'impoſſibilité de s'exprimer. Et il eſt clair qu'il a conſcience de cette
impoſſibilité ; mais enfin il agit comme un quaſi-
muet, qui ne pourrait articuler qu'un ſon & qui
tâcherait de ſe faire comprendre au moyen des
variétés d'intonation. Je le comprends aſſez ſouvent, en ce qui me concerne ; mais c'eſt dur.... »
Ailleurs, il explique, avec des détails trop fami-
liers & trop intimes pour être rapportés ici, les
colères & les emportements de Baudelaire par
l'ineptie des gens qui l'entourent & qui le
ſervent. Je détache ſeulement d'une de ces lettres
le récit d'une des dernières promenades faites
par Baudelaire, & qui fut précédée d'une ſcène
de violence cauſée par l'inintelligence de la
perſonne qui l'aida à ſa toilette. On lui avait
préſenté des uſtenſiles malpropres et incommo-
des ; on n'avait pas ſu deviner ce qu'il demandait ou trouver ce qu'il cherchait. — « Enfin
nous partons. Nous faiſons un tour dans la ver-
dure (7 juin) ; nous deſcendons pour déjeuner
dans un petit cabaret. Je lui tiens la converſation
la plus égayante que je puis. Et je le ramène ſans

qu'il ait témoigné autre chofe que le plaifir de vivre & du contentement, levant de temps en temps les yeux au ciel avec une expreffion de ré-fignation, après un vain effort de parler. »

VIII

RETOUR A PARIS

URANT les premiers jours de fon retour à Paris, qu'il paffa dans un hôtel voifin de l'embarcadère du chemin de fer du Nord, Baudelaire témoigna un vif plaifir à revoir fes amis, & même de fimples connaiffances ; quoique, à vrai dire, il fût peu envieux de fe montrer par une timidité facile à comprendre de la part d'un malade difgracié, & auffi, & plus encore peut-être, par crainte de la fatigue. Son énergie naturelle réagiffait contre l'accablement de la maladie. Il était gai, chantait, aimait à voir des vifages joyeux & à entendre des plaifanteries. Il n'avait pas d'ailleurs perdu l'efpoir de guérir. A la maifon

de fanté où on l'inftalla, à Chaillot, il prenait
allégrement fa douche, chantait à tue-tête & écou-
tait avec plaifir les entretiens qui fe tenaient devant lui, furtout fi fes geftes, fi fes exclamations
étaient compris. Ses anciens amis, plus habiles
que les autres à démêler le fens de fes grimaces
& de fes pantomimes, avaient néanmoins quelquefois bien du mal à l'entendre. Souvent, en
nous voyant nous ingénier pour deviner ce qu'il
voulait exprimer, il étendait la main en figne
d'apaifement, comme pour nous dire : — C'eft
bon ; cela n'en vaut pas la peine. D'autres fois,
il infiftait avec véhémence, *voulant* à toute force
être compris. Il y dépenfait une énergie effrayante
& fe fatiguait horriblement. Une fois compris, il
tombait fur fon divan, épuifé par fes efforts.

Parfois, un nom plus facile à prononcer que
d'autres lui jailliffait tout à coup de la gorge. Il
le répétait à fatiété, d'un air de triomphe, comme
s'il eût été fier d'une conquête ; mais dans d'autres moments, au milieu de la féance la plus
animée & la plus gaie, le regard morne & profond
qu'il plongeait dans les yeux de fon vifiteur, l'expreffion de mélancolie & de découragement avec
laquelle il montrait fa main inerte, atteftaient

trop éloquemment que fa puiffance d'illufion n'était point fans défaillances.

Dans les premiers mois, il prenait plaifir à fe promener en voiture, à faire des vifites par la ville, & à dîner au dehors. Nadar, qui le chériffait comme un ancien & excellent ami, & qui mêlait à fon affection une admiration fincère, avait imaginé, pour le diftraire & le décarêmer du régime de la maifon de fanté, de l'aller prendre un jour de chaque femaine & de l'amener dîner chez lui avec un petit nombre de convives, tous vieux camarades habitués à fa mimique, & qui lui faifaient fête. Baudelaire parut d'abord enchanté de ces petites réunions, & fon hôte, en l'allant chercher, le trouvait prêt & paré, & impatient de monter en voiture. Bientôt, pourtant, à notre grand étonnement, il refufa de venir. Il exprima que ces féances le fatiguaient & qu'il payait le plaifir d'une foirée par des infomnies & des excitations fuivies d'accablements qui contrariaient le traitement. Il n'avait, comme on le voit, perdu ni la confcience de fon état, ni l'efpoir de la guérifon.

Un des noms qui tourmentaient le plus fa mémoire, parce qu'il ne l'articulait qu'à grand'-

peine, était celui de M. Michel Lévy, qu'il défi-
rait pour éditeur de fes œuvres. Lorfque nous
étions feuls enfemble, il allait prendre fur fon
étagère un volume de la collection Lévy & me
foulignait le nom en appuyant du doigt & de
l'œil pour mieux manifefter fon intention. Un
jour M. Lévy m'accompagna à la maifon de
fanté. Baudelaire fe montra très-fenfible à cette
démarche. Il caufa par mon intermédiaire de la
publication de fes ouvrages; mais quand M. Lévy
lui propofa de commencer immédiatement une
nouvelle édition des *Fleurs du Mal,* il refufa
obftinément. Il prit fur fa table un almanach,
& nous fit compter trois mois (on était en janvier),
exprimant qu'à cette époque il efpérait être capable de furveiller lui-même l'impreffion de fon
livre. Cette opération avait été de tout temps
pour lui de la plus grande importance, & je crois
qu'il ne s'en ferait pas rapporté là-deffus aux
foins de fes meilleurs amis.

Ce délai de trois mois paraît avoir été le terme
de fes efpérances. Sur l'almanach qu'il nous avait
montré, le 31 mars était marqué d'une barre. Il
faifait des projets pour les beaux jours. Tantôt il
irait à Nice, tantôt il rejoindrait fa mère à Hon-

fleur. Le terme arrivé, il comprit fans doute qu'il n'était plus en état de voyager. Il prit alors une attitude réfignée & fombre. Plus de chants, plus d'éclats, plus de pantomime, plus de ces follicitations fubites, vives & preffantes qui forçaient à l'attention & faifaient travailler l'imagination des affiftants. Il était évident que Baudelaire s'était démis de tout efpoir & de toute illufion. Il cédait à l'ennemi qu'il avait fi longtemps & fi vaillamment combattu. Bientôt il ne voulut plus quitter fon lit. Il y paffait fes journées, gardé par fa mère. La volonté était brifée; mais l'efprit veillait toujours. Jamais il ne ceffa de faire bon accueil à fes amis & de tendre à l'arrivant fa main libre. Il continua jufqu'aux derniers jours de s'intéreffer aux entretiens qui fe tenaient au pied de fon lit, fans y plus prendre part que par de légers fignes de la tête ou des paupières. À quelque moment qu'on tournât le regard vers lui, on retrouvait fon œil intelligent & attentif, bien qu'affombri par une expreffion de trifteffe infinie, que ceux qui l'ont faifie n'oublieront jamais. Les derniers mois furent fans doute pour lui les plus douloureux. Il fe furvivait à lui-même & ne vivait plus que pour fentir tout ce qu'il avait perdu.

Arrêtons ici ces souvenirs des suprêmes douleurs que le public n'a pas le droit de connaître
& qui n'appartiennent qu'à ceux qui en ont été
les témoins.

Baudelaire s'éteignit doucement & sans souffrance apparente, le samedi 31 août 1867, vers
onze heures du matin. Il était âgé de quarante-
six ans & quatre mois.

De même que Henri Heine & qu'Alfred de
Musset, il n'eut à son convoi qu'un cortége
d'amis. Son âme hautaine, qui se glorifiait de
l'impopularité comme d'une marque d'aristocra-
tie, se fût peut-être réjouie de ce petit concours.

Son deuil fut noblement porté par la presse, à
part quelques inepties, dernières protestations de
l'envie & de la sottise humiliée. Mais ces jappe-
ments haineux & ridicules furent couverts par les
paroles rayonnantes de Théodore de Banville
& par l'apologie de Théophile Gautier.

Th. Gautier aimait particulièrement Baudelaire, qui de son côté le vénérait comme un maître
& le chérissait comme un ami. Cette affection
magistrale & quasi paternelle, dont il lui donna
mille preuves pendant sa vie, laissera son monu-
ment dans la notice délicate & sympathique

qu'il vient d'écrire pour la nouvelle édition des *Fleurs du Mal.* Ces pages, animées de tendreſſe & de regrets, convertiront peut-être le jugement de ceux qui ſe ſont habitués à prendre pour de l'impaſſibilité la ſérénité du poëte & la pudeur d'une âme qui répugne à livrer ſes émotions en public.

Telle fut la vie, telle fut la fin de ce poëte rare & vraiment extraordinaire. Charles Baudelaire, ne craignons pas de le dire, eſt, après les grands maîtres de 1830, le ſeul écrivain de ce temps, à propos duquel on ait pu prononcer ſans ridicule le mot de génie.

« L'avenir prochain le dira d'une façon défini-tive, a dit M. de Banville devant la tombe ou-verte de ſon ami. Les *Fleurs du mal* ſont l'œuvre, non pas d'un poëte de talent, mais d'un poëte de génie ; & de jour en jour on verra mieux quelle grande place tient dans notre époque tourmentée & ſouffrante cette œuvre eſſentiellement fran-çaiſe, eſſentiellement originale, eſſentiellement nouvelle. »

Cet avenir eſt arrivé déjà. La renommée de Charles Baudelaire s'eſt accrue & conſolidée

dans le calme. Ceux qu'irritaient fes farcafmes
& fes myftifications, n'ayant plus affaire qu'au
poëte et à l'écrivain, font revenus à lui; n'ayant
plus à le craindre, ils l'ont admiré fans préoc-
cupation. Ils ont commencé à le comprendre,
quelques-uns peut-être par peur du ridicule
qu'on encourt à Paris à ne pas goûter ce que
l'élite de la fociété approuve. C'eft en effet une
excellente pierre de touche de l'intelligence
d'un homme que fes opinions fur une belle
œuvre ou fur un talent confacré. « Il eft fâcheux
pour un poëte, difait Pierre de l'Eftoile, de ne
point admirer M. de Gombaud ni moi. » Que de
gens aujourd'hui feignent d'admirer Delacroix,
Hugo et Beethowen, uniquement pour ne pas
paraître plus bêtes que leur voifin qui les loue,
& qui ne les loue lui-même que fur la foi d'un
homme qu'il fent fupérieur à lui? Terreur falutaire après tout; car, pour ces efprits naïfs, la lu-
mière peut venir après la foi. Baudelaire participe
dès à préfent au privilége de ces patriarches de
l'art; & l'on peut dire à coup fûr que c'eft une
mauvaife note pour un lettré que de ne pas
l'avoir compris.

Et encore fon œuvre n'eft pas tout ce qu'il nous

a laiſſé. Quel exemple que la vie de ce poëte qui ne ſacrifia jamais rien de ſa conviction & qui marcha toujours directement dans ſa voie, ſans converſion ni obliquité! Là ſans doute eſt le ſecret de ſa force. Quand il ſentait que ce qu'il faiſait ceſſait d'être du Baudelaire, il s'arrêtait; & nulle conſidération, nul avantage, ni d'argent, ni de faveur, ni de publicité ne lui aurait fait faire un pas plus loin. Auſſi eſt-il reſté intègre & intact. Jamais écrivain ne fut plus complétement dans ſon œuvre; jamais œuvre ne fut un plus exact reflet de ſon auteur.

Pour ſes amis, ſa perte eſt irréparable : ils le regretteront toujours, non-ſeulement à cauſe des agréments de ſon eſprit, de ſa compagnie & de ſa converſation, mais encore pour ſes mâles conſeils, pour ſes fermes & ſérieuſes vertus. Il avait le don inappréciable de l'encouragement. Quelquefois abattu & momentanément vaincu par les tribulations de ſa vie ſouvent fort difficile, même dans les embarras les plus graves, jamais il ne déſeſpéra, jamais il ne douta de lui-même ni de ſa fortune, & cette confiance, il ſavait la communiquer. L'homme le plus mou, le plus veule, après une heure d'entretien avec lui, ſe réveillait, &, dès qu'il était forti, fe mettait au travail avec fureur. Il entra un jour chez un ami qu'il trouva travaillant, ou du moins la plume en main. — « Vous êtes occupé, dit Baudelaire. Qu'eft-ce que vous faites là? — Ce n'eft rien, dit l'ami, une chofe à laquelle je ne mets pas d'importance. — Vous avez tort, répondit Baudelaire, il faut mettre de l'importance à tout ce qu'on fait. C'eft le feul moyen de ne jamais s'ennuyer. »

Voilà les belles aumônes! Lui, Baudelaire, à coup fûr, s'il fut fouvent ennuyé, ne s'ennuya jamais. Surtout il n'ennuya jamais les autres. Il était de ces hommes rares — bien rares — près defquels on peut vivre tous les jours fans connaître un moment l'ennui. Ses vertus étaient intimes & fecrètes; d'ailleurs il les cachait par pudeur, ou par orgueil faifait profeffion du contraire. Auffi n'eut-il jamais pour ennemis que des gens qui ne le connaiffaient pas. Quiconque l'avait connu l'aimait.

Cet homme, que de certains efprits obtus & malveillants ont voulu faire paffer pour infociable, était la bonté & la cordialité mêmes. Il avait la qualité des forts, la gaîté, au point d'aimer à divertir à fes dépens. Que de journées il a perdues — perdues pour le travail — à placer la copie d'un ami, à le conduire chez un éditeur ou chez un directeur de théâtre ! Le pauvre Barbara le favait ; Barbara qu'il avait adopté à caufe de fon humeur rétive & de fa timidité farouche, & qu'il aimait pour fa perféverance & pour fon honnête laboriofité. Hélas ! tout cela eft perdu !

Mais plutôt, non, tout cela n'eft pas perdu. Il refte à fes amis fon œuvre, fon fouvenir & le bonheur d'avoir vécu dans la confidence d'un efprit rare, d'une âme élevée, forte & fympathique, d'un de ces génies d'exception, fans pairs ni fans analogues, qui pouffent en ce monde comme des fleurs magiques, dont la couleur, dont la feuille & le parfum ne font qu'à elles, & qui difparaiffent comme elles font nées, myftérieufement ; de l'un des hommes, en un mot, les plus complets, les plus exquis & les mieux organifés qui aient été donnés à ce fiècle.

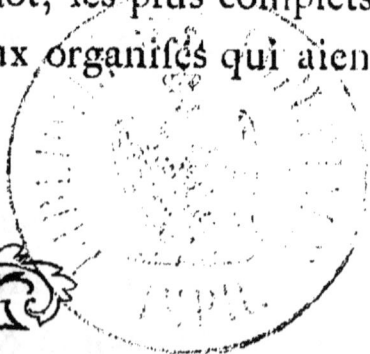

TABLE

Imprimerie L. Toinon & Cᵉ, à Saint-Germain.

www.ingramcontent.com/pod-product-compliance
Lightning Source LLC
Chambersburg PA
CBHW052120090426
42741CB00009B/1890